融資はロマン

フェイス・トゥ・フェイスとフットワークで地域を支えるシシンヨー

広島市信用組合 理事長
山本 明弘［著］

一般社団法人金融財政事情研究会

著者近影

継続を力に、これからも

70th anniversary

70周年ロゴ

「７」を構成する力強いアーチは、お客さまとの強いつながりを示すとともに、80年、90年とこの先も変わらず堅実な経営を続けていくことを表現しています。

水色から紺に変わっていく様は、シシンヨーの歴史と伝統が、年を重ねるごとに色濃くなっていくことを表現しています。

キャッチコピーの「継続を力に、これからも」は、シシンヨーが大切にしている「継続」が地域やお客さまにもたらす力となって、この先も続いていくことを意味しています。

本店ビル外観

「真心」の像

本店の玄関脇で静かに微笑んでいるのが、シシンヨーのシンボル「真心」の像です。皆さまとともに栄えるシシンヨーの創立以来の願いが、優雅な天平の乙女の姿のなかに込められています。

広支店（平成30年11月新規開店）

駅前支店（令和２年11月新築）

スポンサードゲームの開催

地域の皆さまに日頃の感謝を込めたイベントとして、広島東洋カープ公式戦　スポンサードゲームを行っています。令和４年７月３日には、マツダ スタジアムにて、10回目となるスポンサードゲームを70周年記念行事として開催しました。

広島市信用組合の概要

代表者	理事長 山本《やまもと》 明弘《あきひろ》
出資金	196億3,172万円
役職員数	計397名 男203名 女194名 （役員7名を含む）
本部	広島市中区
事業所	35店舗 (広島市21、安芸郡2、廿日市市2、東広島市2、竹原市2、呉市2、安芸高田市1、山県郡2、豊田郡1)
預金残高	8,027億円
貸出金残高	7,043億円
格付	A 見通し「ポジティブ」 （(株) 日本格付研究所）

※令和4年3月末現在

はじめに

令和四年五月一七日、広島市信用組合は七〇周年を迎えることができました。地域の皆さまのご支援はもとより、ゆるぎない基盤を築いてこられた諸先輩方、そして役職員の努力の賜物と感謝しています。

当組合は、戦後の混乱が尾を引く昭和二七年五月に、商工業者・勤労者の相互扶助と金融の円滑化を図るため、広島市中区国泰寺町にあった土建会館仮営業所で営業を始めました。

私は平成一七年六月に理事長に就任しましたが、地元の中小零細企業を支え、応援し、融資で元気になってもらいたいという思いで、「預金」「融資」に特化した経営を貫いてきました。

おかげさまで業績は好調で、令和四年三月期の決算では、経常収益は一九期連続の増収となり、コア業務純益、経常利益、当期純利益ともに過去最高を更新しました。ほかの金融機関から「これほどの数字を出すためには、どうすればよいのか」と尋ねられることが

当組合のマーク
財貨をあらわす〈分銅〉のしるしのなかに、郷土広島のシンボルである〈川〉のパターンをアレンジしたもので、「地元のお金は地元で活かす」という当組合創立以来の精神を表現したものです。

ありますが、当組合が大切にしているのは「フェイス・トゥ・フェイス」と「フットワーク」による徹底した現場主義です。

融資案件は、原則三日以内に回答します。それを可能にしているのは、お客さまのもとに足繁く通い、生の声を聞くという日頃の積み重ねがあるからです。当組合は地元では「シシンヨー」の名称で親しまれていますが、お客さまからは「シシンヨーの担当者はよく通ってくれるから、色々な話ができる」「シシンヨーは融資の回答が格段に早い」などと評価いただいています。ほかの金融機関が現場を小まめに回らなくなっている今こそ、シシンヨーの地域密着の強みが発揮されているといえます。

新型コロナウイルス感染症が中小零細企業に与えた影響は、リーマン・ショックなどの過去の危機のときとは比べものにならないほど深刻でした。こういった危機のときにこそ、金融機関の存在意義が問われます。融資にリスクはつきものですが、お客さまが苦しいときにこそリスクテイクし、手を差し伸べることが大切です。

当組合は、「地元のお金は地元で活かす」をモットーに、お客さまに寄り添い、スピーディーな融資をもって支援していくことが使命と考え、愚直に邁進してまいりました。誰よりもお客さまを訪問し、誰よりもお客さまを知っている。だから、お客さまから選ばれ、頼りにされる。お客さまのニーズにより早く応え、がんばるお客さまを応援する。そんな当組合の取組みが、地元広島の活性化につながってくれればと願っています。

創立七〇周年は節目ではありますが、通過点でもあります。一〇〇年、一五〇年と続くシシンヨーとなるよう、当組合は、お客さまに寄り添った支援を継続し、より一層信頼される地域金融機関を目指します。

本書では、私がこれまで大切にしてきたこと、シシンヨーが「継続・集中・徹底」で取り組んできたことを紹介します。

これからも皆さまのご指導、ご鞭撻のほど、よろしくお願い申し上げます。

令和四年一二月

広島市信用組合

理事長　**山本　明弘**

【著者略歴】

山本　明弘（やまもと　あきひろ）

昭和20年12月６日	山口県宇部市生まれ
39年３月	山口県立宇部高校卒業
43年３月	専修大学経済学部卒業
43年３月	広島市信用組合入組
	本店営業部　貸付配属
	本店営業部　渉外配属
56年２月	三篠支店長に就任（35歳）
58年２月	中広支店長に就任
60年２月	出島支店長に就任
61年７月	可部支店長に就任
平成元年２月	商工センター支店長に就任
４年５月	本店営業部長に就任
６年２月	審査部長に就任
７年５月	常勤理事・審査部長に就任
11年８月	常務理事・管理部長に就任
13年２月	専務理事・営業推進部長に就任
16年６月	副理事長に就任
17年６月	第11代理事長に就任
17年６月	全国信用協同組合連合会理事
18年７月	中小企業振興功労者知事表彰
19年６月	全国信用協同組合連合会副会長
21年11月	黄綬褒章を受章

平成25年６月から、全国信用協同組合連合会の会長も務める。
著書に、『足で稼ぐ「現場主義」経営——頼れるシシンヨーが真骨頂』（金融財政事情研究会）。

目次

第一章 コロナのインパクト

第二章 融資はスピードが命——地域金融機関がなすべきこと

第四章 人材の活用——職員は財産

第五章 一番頼りになるコミュニティ・バンクを目指す

第一章

コロナのインパクト

コロナ禍が取引先に与えた影響

過去最大の危機

「コロナ（新型コロナウイルス感染症）の影響により、売上げが七〇％近く減少。入金も滞りがち」

「旅行客が激減し、宿泊施設の売上げがほとんどなくなっている」

「サプライチェーンの混乱を受けて、住宅建築の工事がストップした」

「マンション入居者の家賃延滞が相次いでいる」

「冠婚葬祭の縮小により、ギフト業者の売上げが大きく減少」

「折り込みチラシの印刷が従来の半分になってしまった。いつもコンスタントにもらえる注文が入ってこない」

「売上げがコロナ禍前の水準に回復していないのに、固定費の負担は変わらず資金繰りが厳しい」

コロナの感染拡大により、地域経済とそれを支える中小零細企業は、過去に例のない危機的な状況に見舞われました。

これまで、日本経済はバブル崩壊や、リーマン・ショック、東日本大震災など、さまざまな危機に直面し、金融機関もそのつど大きな打撃を受けてきました。しかし、コロナ感染拡大の影響は、それらをはるかに上回る厳しいものでした。営業・生産活動が思うように行えない中小零細企業は多く、売上げの減少により資金繰りに奔走する日々が続いていました。そこに、ロシアのウクライナ侵攻、電気・ガスや原材料価格の高騰が加わり、多くの事業者は今なお苦しい経営を余儀なくされています。こうした激しい「土砂降り」の状況の今こそ、地域金融機関はその存在感を発揮するときです。

地域経済を支えているのは、中小零細企業です。融資にリスクはつきものですが、お客さまが苦しいときこそ地域金融機関は積極的にリスクテイクし、手を差し伸べて資金ニーズに積極的に応えていくことが必要です。不安を抱えて日々、事業に奮闘している地元のお客さまの声に耳を傾け、正面から向き合う。そして一緒に悩み、汗を流す覚悟がなければ、本物のパートナーとして認めてはくださらないでしょう。

広島市信用組合（シシンヨー）は、中小零細企業にとっていわば最後の砦。オンラインでの商談など、ビジネスの現場でもリモート化が推進されている昨今ですが、実際にお客さまと向き合い、生の声を聞かなければ、真のニーズをつかむことはできません。

われわれは、この地域から逃げることはできません。今やらなければいつやるのか——。

われわれがグズグズしていては、お客さまは倒産してしまうかもしれません。

シシンヨーの武器は、スピードです。苦境にさらされている今こそ、「倒産を防ぎ、雇用を守る」という強い信念をもち、お客さまに寄り添った支援をスピーディーに行うことが大切だと考えています。

一緒に立ち向かう覚悟をもつ

コロナ感染拡大の懸念について報道され始めたのは、令和二年に入ってすぐでした。

私はいつものように日々、お客さまのもとを訪れていたところ、徐々に経営状態の悪化が目にみえてわかるようになりました。

「これはおかしいぞ」

即座にそう感じました。そこから、感染拡大の影響は一気に広がりました。

最も打撃を受けたのは営業の自粛を余儀なくされた飲食業でした。観光業もどん底状態で、百貨店もシャッターを下ろしました。多くのサービス業も臨時休業することになり、売上げはゼロ状態。賃貸ビルに入る店舗もほとんどが休業し、街から人通りが消えました。

地元の自動車メーカーであるマツダの国内工場は減産に追い込まれ、下請け企業の業況も悪化の一途をたどりました。自動車関連以外の工場も原材料の確保が困難になったうえ、販売不振も影響し、生産休止に至るところが相次ぎました。大手ゼネコンの工事も軒並み中断となり、そのあおりを受けて土木建築業も厳しい状況に陥りました。

圧倒的な数の事業者が厳しい状況に陥っているという点だけとっても、リーマン・ショックのときとは比較にならない深刻さでした。そして、中小零細企業の窮状は、地元の雇用や就業、さらには消費活動に大きな影響をおよぼしました。残念ながら私の悪い予感が当たってしまったわけです。

いつ感染の拡大が終息するのかわからず、売上げは途絶えたまま。運転資金が枯渇しお金を借りたくても、返済の見通しが立ちません。そのなかで、貸し倒れになるリスクを恐れ、プロパー融資に尻込みして、公的金融に丸投げする金融機関もあったようです。

しかし、地域金融機関の役割は、コロナ禍のような事態のなかで経営が苦しくなり資金繰りにあえぐ多くの中小零細企業を守ることです。「できる限りのリスクをとる」「一緒に立ち向かう」覚悟をもつことが絶対に必要です。

当組合は、コロナ禍においてもお客さまからのヘルプの声を待つのではなく、自ら出向いてお客さまの悩みをお聞きし、支援するという姿勢を徹底しました。

ローラー活動による取引先訪問の実施

オンラインではなく対面にこだわる

当組合では、緊急事態宣言が発出される前の段階から、コロナ禍に向けた対策を次々と打ち出しました。

まず、令和二年二月に「新型コロナウイルスご相談窓口」の開設とともに、「新型コロナウイルス関連対策ローン」の取扱いを開始しました。

このローンは、事業所や住居が当組合の全営業店のエリア内に所在し、コロナが要因となる業況悪化によって、一時的に資金繰りに支障をきたす可能性のある事業者を対象としたものです。

しかし、お客さまが来店されるのを待っているだけでは、資金繰りにあえぐ中小零細企業の皆さまへの支援は間に合いません。中小零細企業の皆さまがどのような状況にあるのか、いち早く把握する必要がありました。

従前から「日常的に取引先に足を運ばない限り、真の情報は獲得できない」と現場主義を徹底してきたこともあり、コロナ禍においても職員一人ひとりが実際にお客さまのもとを訪問しその状況を目でみて確認することを継続して行いました。多くの金融機関がオンライン面談を推進するなか、当組合では感染防止対策を徹底して一軒当たりの滞在時間を短くするなどの対策をとりつつ、お客さまのもとへ足繁く通うことに力を入れるという、いわば真逆の選択をしたわけです。

実際にお客さまのもとに足を運ぶと、多くの経営者が「この先どうなってしまうのか」と将来に対して大きな不安を抱えていました。コロナが与えた影響は、中小零細企業の経営者を絶望の淵に追いやるほど深刻だったということです。

リストアップした五〇〇〇以上の取引先を訪問

「今こそ、過去にないような支援を行い、地域金融機関として力を発揮するときだ」

当組合ではコロナの世界的な流行がみえ始めると、すぐに、影響を受けそうな取引先をすべてリストアップしました。

リストは令和二年三月時点で二〇〇〇先にのぼりました。しかし、コロナによる影響は広がり続けたので、数百万円単位の融資先も含め、すべて洗い出すよう再度指示を出しました。その結果、四月にはリストアップ先は五〇〇〇先に積み上がりました。

そのうえで、感染症対策を徹底しながら、私はもちろん、役員や支店長、審査部、渉外担当を総動員して、こちらから一軒一軒お客さまのもとに出向くローラー活動を敢行しました。

このローラー活動のおかげで、お客さまの実態をすばやく把握できました。追加融資や返済猶予など、通常ならなかなか相談しにくいことも、普段から顔を合わせ、お客さまとの関係性を築いていたからこそ聞きとることができました。

ローラー活動によって得られた情報と、過去の融資の返済状況、借入金以外の負債、未払金などのデータをもとに、現状の売上げ規模に見合った資金繰りがつくよう既存の融資を見直したケースもありました。

コロナ感染拡大によって影響を被ったことを理由とする融資の申込みは、飲食業、建設業、製造業（自動車・造船など）、観光業、運送業など、極めて多岐にわたりました。ほぼ全業種といっていいほどです。

緊急性の高い案件が多く、すべての融資を、感染拡大防止の対策を実施しながら通常と同様に決裁するためには、全役職員の行動や判断があらゆる面で連携がとれていなければならず、それまで以上に役職員間のコミュニケーションは緊密になった面もありました。

コロナ禍をきっかけに将来にわたって信頼を得るか、失うかは、そうしたご相談いただいた案件への対応一つにかかっていました。リスクを恐れずに腰を据えた支援をスピーディーに実現するために、緊張感をもって取り組みました。

万が一の事態への備え

「金融機関はいつでもリスクのとれる態勢を整備しておく責務がある」

過去にバブル崩壊やリーマン・ショックなど、経済危機を何度も経験したからこそ、平時の備えの大切さを実感しています。

バブル崩壊によって、大手も含め多くの金融機関が破綻に追い込まれました。リーマン・ショックのときも、お客さまの業況が急激に悪化したり、資金運用で傷を負ったりして、金融機関は厳しい状況に直面しました。当組合がそうした難局を乗り越えられたのは、預金・融資という地域金融機関の本業に特化した経営を貫いていること、不良債権を一括して売ること（バルクセール）などを、常に先を読み先手を打って行っているからです。

おかげさまで当組合の業績は順調に伸びていますが、これも、万が一のときに地元の中小零細企業の倒産を防ぎ、雇用を守るという使命を果たしていくためには欠かせません。経営が安定しているからこそ、いざというときに身を切る支援ができるのです。

地域金融機関のあるべき姿を実践し続けるために、とにかくお客さまのところに足を運ぶことを日常業務のベースに置き、経営者の声に耳を傾け、困りごとに寄り添い、解決のための提案を行っています。

平時における取組みのおかげで、コロナという過去に経験したことがないような有事のなかでも訪問活動を継続することができ、お客さまにお金を使っていただくなどのサポートが可能となりました。

コロナ感染拡大時のローン

ゼロゼロ融資の活用

コロナにより影響を受けた事業者に対する、実質無利子・無担保融資（ゼロゼロ融資）は、令和二年三月に開始されました。当初は、日本政策金融公庫や商工組合中央金庫などの政府系金融機関が対応していましたが、令和二年五月から、民間金融機関においても取扱いが開始されました。

ゼロゼロ融資は、小・中規模事業者を対象とする信用保証協会保証付き融資です。保証料不要で、当初三年間は自治体を通じた利子の補助により無利子となり、最大五年間の据置きが可能です。民間金融機関による融資上限額は当初三〇〇〇万円で、のちに六〇〇〇万円まで引き上げられました。当組合もこの制度を活用して、資金繰りに悩み将来に不安を抱えているお客さまの資金ニーズに応えました。

民間金融機関におけるゼロゼロ融資の受付は令和三年三月末に終了しましたが、雇用調整助成金の特例措置の延長（令和四年一一月まで）等、ほかの対策がタイミングよく発動されたこともあり、令和二年度は私の金融人生において最も倒産が少ない一年でした。実際、東京商工リサーチが公表した倒産件数も、令和二年度および三年度は、コロナ対応の金融支援策に支えられ低水準でした。

二カ月で一〇〇〇件超の支援融資

前述のとおり、シシンヨーではゼロゼロ融資が開始される前の令和二年二月から「新型コロナウイルス関連対策ローン」の取扱いを開始しました。

融資対象者は、当組合の営業エリア内に事業所または住居があり、コロナを要因とした一時的な業況悪化により、資金繰りに著しい支障をきたしている、またはきたす恐れがあって、中長期的には業況が回復するか発展することが見込まれている方としました。融資金額は五〇〇〇万円以内で、融資期間は運転資金の場合一〇年以内、設備資金の場合は一五年以内としています。

苦境に立たされている中小零細企業の資金繰り支援は、急を要していました。全店に資金繰り改善への指示を出した結果、令和二年五月からのゼロゼロ融資がスタートする前の約二カ月で、新型コロナウイルス関連対策ローンを含めた支援融資は一〇〇〇件を超えま

《新型コロナウイルス》で業況に影響を受ける事業者の皆さまへ

シシンヨー

新型コロナウイルス関連対策ローン

ご融資金額は、最高5,000万円
返済期間は、最長15年間
ご融資利率は、
信用保証なし当組合所定利率
信用保証あり上記より-0.3%優遇

ご利用いただける方	次の条件を全て満たす法人または個人事業者の方 ■事業所または住居が当組合の営業区域内の方 ■新型コロナウイルスを要因とした一時的な業況悪化により、資金繰りに著しい支障を来たしている方、または来たすおそれがある方 ■中長期的にみて、業況が回復し、かつ発展することが見込まれる方
取扱期間	令和2年2月12日(水)〜令和2年9月30日(水)
お使いみち	経営基盤の強化をはかるための運転資金、設備資金
融資形態	証書貸付
ご融資金額	5,000万円以内（10万円単位）
ご融資期間	運転資金10年以内、設備資金15年以内（元金返済の据置は1年以内）
ご返済方法	元金均等返済または元利均等返済
ご融資利率	信用保証協会の保証を利用しない場合　当組合所定利率（固定金利） 信用保証協会の保証を利用する場合　上記利率より－0.3%を適用（固定金利）
保証	信用保証協会の保証を利用しない場合 法人の場合‥代表者（共同代表の場合は代表者全員） 個人の場合‥配偶者、事業承継予定者、法定相続人のいずれか1名 ※原則として第三者の方の保証人は不要です。 信用保証協会の保証を利用する場合 担保および保証人については信用保証協会所定の方法となります。
特記事項	融資対象者であることを聴き取りし、疎明資料を徴求させていただきます。

◆審査の結果によっては、ご希望に添えない場合もございますので、あらかじめご了承ください。
◆必要書類など、くわしくは窓口または得意先係にお問い合わせください。

一番気やすい
シシンヨー
広島市信用組合

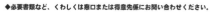

した。そのうちプロパー融資（信用保証協会の保証等がない融資）は四割におよび、そのニーズの高さがわかりました。

ゼロゼロ融資の開始以降も、「新型コロナウイルス対策ローン」により、ゼロゼロ融資を受けることができない先にも融資を行うことができました。

学生を応援するローンも用意

令和二年五月には、コロナ感染拡大で経済的な打撃を受けた学生を対象に「学生応援ローン」を期間限定で始めました。

広島県内在住または在校の大学生、短大生、大学院生、専門学校生を対象にしたものです。アルバイト先の休業などで収入がなくなったり親の仕送りが減ったりして、生活に困窮している学生を応援するために商品化しました。先日も、学生が当組合の窓口に、学費の請求書をもって来店しました。もう親には迷惑はかけられない、学校を辞めようかと悩んでいるようでした。学生には、経済状況を理由に、学業をあきらめないでほしい。そのため、本ローンは、担保や保証人は不要としています。もしものときの貸し倒れリスクは当組合が負います。

政府系金融機関よりも金利が低く、授業料などの学費だけでなく生活費にも使えます。こういった取組みを通して地域を元気にすることは、地域金融機関の大事な使命の一つだと思っています。

生活衛生同業組合員向けのサポートローン

広島県生活衛生同業組合連合会の会員を対象とした専用ローンも用意しました。「生活衛生同業組合」は生衛法に基づく営業者の自主的な活動団体です。上部団体である「広島県生活衛生同業組合連合会」には、飲食業や理美容店、クリーニング店、宿泊業など一三の組合が所属しています。生活衛生関係業者は、自由に同業の組合に加入することができ、現在約五八〇〇の事業者が加入しているそうです。

広島県生活衛生同業組合連合会とともに開発した新しいローンは、「生活衛生同業組合員向けサポートローン」といい、連合会からの紹介を条件に組合員に最大一〇〇〇万円の事業資金を年二・五〇%以上（固定）で融資するというものです。

原則として無担保かつ第三者の保証人が不要なのも特徴で、プロパーの小口融資となります。

新型コロナウイルス対策

無担保、保証人なし
で大きくサポート！

シシンヨー

学生応援ローン

融資金額は、最高50万円

融資利率は、年0.80%

融資期間は、最長10年間

■商品概要

対象者	■広島県内にお住いの大学生、短大生、大学院生、専門学校生 ■広島県内の大学、短大、大学院、専門学校の在校生 ただし、申込人が未成年者の場合は、親権者の同意が必要
取扱期間	令和2年5月11日(月)～令和2年12月30日(水)
資金使途	学費および生活資金全般
融資形態	証書貸付
融資金額	50万円以内（1万円単位）
融資期間	10年以内（6か月以内の元金据え置き可）
返済方法	元利均等返済 返済日は毎月7日、17日、27日(休日の場合は翌営業日)のいずれかとし、 返済用口座からの自動引落しとします。
融資利率	年0.80%
担保	不要
保証人	不要
必要書類	■ご本人確認資料　写真付の学生証および運転免 マイナンバーカード、健康保険証のうち1点 ■申込人が未成年者の場合は、親権者の同意書
取扱店	全営業店

広島県生活衛生同業組合の組合員の皆様へ朗報！

シシンヨー

生活衛生同業組合員向けサポートローン

ご融資金額は、最高100万円

ご融資期間は、最長5年間

ご融資利率は、年2.50%以上
（固定金利）

■商品概要

ご利用いただける方	当組合の営業区域内で事業を営む法人または個人事業者の方で、つぎの条件を全て満たす方。 ■広島県生活衛生同業組合連合会の会員である生活衛生同業組合の組合員の方 ■広島県生活衛生同業組合連合会の紹介書がある方 ■当組合の組合員である方、またはご加入いただける方
お使いみち	事業資金（運転資金・設備資金）
融資形態	証書貸付
ご融資金額	100万円以内（1万円単位）
ご融資期間	5年以内
ご返済方法	元金均等返済（元金据え置き6か月可）
ご融資利率	年2.50%以上（固定金利）
担保	原則として不要
保証人	法人の場合‥代表者（共同代表の場合は代表者全員） 個人の場合‥配偶者、事業承継予定者、法定相続人のいずれか1名 ※原則として第三者の方の保証人は不要です。
取扱手数料	なし
必要書類（特記事項）	当組合に次の書類を提出いただきます。 ■直近2期分の決算書または申告書 ■本人確認資料(商業登記簿謄本、免許証等) ■広島県生活衛生同業組合連合会の紹介書 ■納税について確認できる書類 ■新規事業の計画書・資金繰り表（新規開業の場合）

◆ 審査の結果によっては、ご希望に添えない場合もございますので、あらかじめご了承ください。

◆ 必要書類など、くわしくは窓口または得意先係にお問い合わせください。

一番気やすい
シシンヨー
広島市信用組合

R02.07

飲食業や理美容店、クリーニング店、宿泊業といったサービス業の方々は、コロナ禍当初はゼロゼロ融資などを利用して資金繰りを確保してきましたが、緊急事態宣言の解除以降も客足がまったく戻らず、資金不足に陥った事業所が出始めていました。そこでこのローンを用意し、ご利用いただくことにしました。

流川《ながれかわ》・薬研堀《やげんぼり》地区の再生プロジェクト

コロナ禍にあっても前述のサポートローンを利用し、中四国地域最大の歓楽街である流川・薬研堀地区の賑わいを取り戻そうという「流川・薬研堀地区再生プロジェクト」が令和二年六月から本格的に始動しました。

同地区は、飲・食・遊の三拍子そろった大人の街であり、広島の政財界や企業人にとっても「夜の営業現場」と呼ばれるほど欠かせない街です。

飲食店が三〇〇〇軒ほど建ち並び、活気にあふれていた流川・薬研堀地区は、コロナの感染拡大で大きな打撃を受けました。

臨時休業が長引いたことで廃業に追い込まれた店舗も多く、さらにクラスターが発生する事態に見舞われ、エリア全体のマイナスイメージに拍車がかかってしまいました。あれ

ほど賑わっていた街から一時は人気がなくなり、街全体の勢いもなくなってしまいました。残念ながら、コロナ禍前と比べると、客足はいまだ戻っていません。

そこで、「流川・薬研堀地区再生プロジェクト」では、不動産業者五社、広島県生活衛生同業組合連合会、シシンヨー（薬研堀支店・上写真）が協力し、同地区の再活性化を目指しています。能力も意欲もある次世代の経営者であっても、お金やサポートがないために、事業を断念する人は少なくありません。そうしたことにならないよう、普段はライバル関係にある不動産業者が協力して、新たに事業をスタートさせる人に対しては家賃を一カ月無料とする、連合会の計らいでカラオケ機材やお酒、おしぼり等、営業に必要なものを安く用意できるようにする、といった支援を行っています。

当組合では、新規開店や再開、移転開業を計画するオーナーに対して、関連する手続きの

軽減や、前述の生活衛生同業組合員向けサポートローンの利用を提案しています。融資金額は最大一〇〇万円と小口ではありますが、たとえば飲食店を新たに始めようとしている方にとってはそれなりに大きな金額であり、かつ元金据置きが六カ月可能で、融資期間も五年と長期にしていますので、ご利用いただきやすいのではないかと思っています。

何よりも資金の手当さえできれば、あとは本業に専念してもらえます。地元有志の提案を受け、「その時まで、がんばろう流川。〈シシンヨー生活衛生同業組合員向けサポートローン〉」と表示した看板（上写真）が流川地区の駐車場に掲示されました。お店がオープンし、売上げが順調にあがっていけば、「あのときにシシンヨーに助けてもらった」との思いから、シシンヨーの大ファンになってくれるかもしれません。実際、シシンヨーのお客さまには、「あのときの恩を忘れない」という方がたくさんいらっしゃいます。このプロジェクトについて積極的に情報発信していくことで、意欲ある方がどんどん出てくることを期待しています。

中小零細企業を支える正念場

コロナ融資の実績

ゼロゼロ融資は、コロナ禍で経営状態が悪化した多くの中小零細企業にとって必要な政策でした。当組合でもスピード感をもって対応したことで、多くの取引先を救うことができました。

すでにご紹介したとおり、当組合ではゼロゼロ融資などの支援と併せてさまざまな取組みを行い、貸付条件の変更や新たな資金需要等に、きめ細かくスピード感をもって対応しました。

令和四年三月末時点で、コロナ融資の実行件数は累計八九四六件、総額一三四〇億一七〇〇万円にのぼりました。内訳としては次のとおりです。

① 新型コロナウイルス関連対策ローン：一〇〇件、一〇億五五〇〇万円
② ゼロゼロ融資：五三六〇件、七二九億九〇〇〇万円
③ 学生応援ローン、生活衛生同業組合員向けサポートローン：三七件、二三〇〇万円

④　ゼロゼロ融資以外の信用保証協会保証付き融資：一一三六件、一七七億五四〇〇万円
⑤　その他のプロパー融資：二三一三件、四二二億七六〇〇万円
　そして、令和二年五月から令和四年三月末までの貸付条件の変更は累計三九九〇件となりました。

返済でギブアップする会社が増えている

　しかし、政府系金融機関によるゼロゼロ融資の取扱いも令和四年九月に終了し、令和五年五月からはいよいよ利息の支払いが始まります。ゼロゼロ融資は、融資から三年後に利子返済、最大五年後に元本返済が始まるという内容ですが、ほとんどの融資が据置き期間を三年に設定しています。返済が滞った場合は信用保証協会が肩代わり（代位弁済）します。

　いざ返済がスタートするという段階が近づくにつれ、「経営を維持できない、ギブアップしかない」と、再建を断念する「息切れ倒産」に追い込まれている企業も少なくありません。実際、東京商工リサーチの数字をみても、令和四年の倒産件数は三年ぶりの増加となっています。

こうした保証協会の保証付きの融資を行っているお客さまには、多くの場合はプロパー融資も行っており残高があります。万が一、支払いが滞ってしまった場合、保証協会の保証付き融資は代位弁済されるので不良債権とはなりませんが、プロパー資金は不良債権化してしまう可能性があります。今後、金融機関ではそうした不良債権処理費用が一気に増え、収益に大きな影響をおよぼす恐れもあります。

コロナ禍での対応が好循環を生む

あとの章で詳しくお話ししますが、バブル崩壊後、地域金融機関が直面した不良債権問題や自己資本問題などさまざまなできごとの経験を踏まえ、シシンヨーではコロナ禍のなか、破綻懸念先債権の引当率を一〇〇%に引き上げるなど、特に財務面で経営の体力を高める施策を色々と講じてきました。万が一、融資先が倒産してもシシンヨーの財務基盤への影響は最小限にとどまるよう、体力の増強を図ってきたわけです。

当組合自身が安定的な財務基盤をもたないと、厳しい経営状況に苦しむ取引先にリスクをとってスピーディーに融資をするといった支援はできません。自分たちの体力に余裕がないためリスクをとることができず、お客さまが助けを求めているにもかかわらず融資の審査を厳しくするようなことがあってはなりません。それは地域を守るという当組合の使命を否定することになるからです。

コロナ禍でこうした当組合の考え方が従来以上に広く認知されたのでしょう。これまで取引のなかった優良先との取引も拡大しています。

《事例》融資という緊急輸血で急場をしのぐ

他社では実現できない高い技術力をもった会社であっても、厳しい状況に立たされることがあります。

たとえば、ゴム製品の製造を行っている会社は、コロナ禍で受注先の工場が休止に追い込まれたことで、売上げが三五％も落ち込みました。

この会社は、建築機械や自動車で使用される製品の製造を行っており、大手メーカーからの信頼も厚い優良企業です。ほかの企業では追随できない高い技術力をもっており、契約上、部品の供給責任もあります。

苦しいからといって、廃業を選択してしまうと、受注先を含めて多大な影響がおよびます。また、五〇人以上いる従業員も路頭に迷うことになります。

訪問当時は、コロナ禍によって製造ラインが数カ月ストップしている状態でしたが、人件費などの固定費は払い続けなければなりません。緊急対応を求められていました。

この会社は、経済活動が再開されれば、取引先の工場からの依頼で、製造ラインを動かす見込みでした。そこで、ゼロゼロ融資の枠組みを利用して、緊急輸血として売上げ一カ月分の融資をしました。

《事例》優良先との取引が拡大

これまでまったく取引のない製造業の会社に融資を実行しました。

実際に何度も工場に足を運びましたが、従業員全員が忙しそうに働いていて、業況も良好で、活気のある会社でした。貸出金利は〇《ゼロ》%台で、二億円の融資を行いました。

融資には当然リスクがあります。しかし、お客さまの状況をしっかりと把握し、腰を据えた支援を継続していれば、そのリスクを最小にすることができます。また、経営が悪化するような窮地に陥ったときにシシンヨーはどういう姿勢で臨んでくれるのかということをお客さまはよくみています。そうしたときにこそお客さまに寄り添う姿勢が次の融資や預金につながります。それがこのコロナ禍でも証明できたと思います。コロナ禍だけでなくサプライチェーンの混乱や原油高・原材料価格の高騰といった混乱が続く今は、より多くの企業との取引につながるチャンスでもあるのです。

おかげさまで令和四年五月に七〇周年を迎えることができた当組合がこれまでどういう道のりを歩んできたのか、融資に対する考え方や取組み、経営のあり方などを、このあと詳しく説明したいと考えています。

コラム

全国信用協同組合連合会での活動

信組を元気に

信用組合は、地域で暮らす方々や、職域・業域の皆さま、中小零細企業の経営者に向けて、「相互扶助」という理念に基づき金融サービスを提供しています。

平成二五年六月、私は、全国の一五七信組（当時）の系統中央金融機関である全国信用協同組合連合会（全信組連）の第三代会長に就任し、令和四年現在まで務めています。

平成一九年から副会長を務めていましたが、平成二五年まで一五年間会長を務められていた前任の幡谷祐一氏（当時は茨城県信用組合会長）から、「次は頼む」と声をかけられました。最初は固辞しましたが、ほかの役員の皆さんからの後押しもあり、少しでも業界のお役に立つことができればと引き受けることにしました。そして、引き受けたからには、信組を元気にしたいと考えました。

信組には、地元経済を支える使命があります。その使命、社会的責任を十分に果たしていくためには、全信組連と各信組が一丸となり、それぞれの信組が存在価値を発揮できるように努力する必要があります。会長就任時、信組全体の預貸率は、五二・三五％でした。この引上げを目指し、全国の信組に中小零細企業を対象とした融資業務の強化を訴えていくことにしました。

全国の信組を行脚

会長に就任した平成二五年は、シシンヨーが経常利益ベースで一〇期連続増収増益を果たした年でした。当組合の融資業務を知りたいと、視察にいらっしゃる信組は数多くありました。そこで、むしろ私のほうから各地の信組に出向き、経験や考えをお伝えしたほうがよいのではないかと考えました。私のモットーである「現場主義」の実践です。そこで、毎月一信組のペースで全国を行脚し、シシンヨーの取組みを紹介させていただきました。

お話させていただく際には、まず「シシンヨーのやり方がよくて、皆さんのやり方が悪いというわけでは一切ありません」と強調しました。シシンヨーの取組みのなかで、自分たちには合わないなと思うものまでまねしていただく必要はないからです。「たしかにそのとおりだな」「よい取組みだな」と思うものだけを取り入れてもらえばよいのです。

ただ、「フェイス・トゥ・フェイス」と「フットワーク」はすべての信組に通ずるのではないかと私は考えています。信組には、その二つを徹底し、融資を通じて中小零細企業を支援して地域に貢献することが求められているのです。

◆全信組連と全信中協

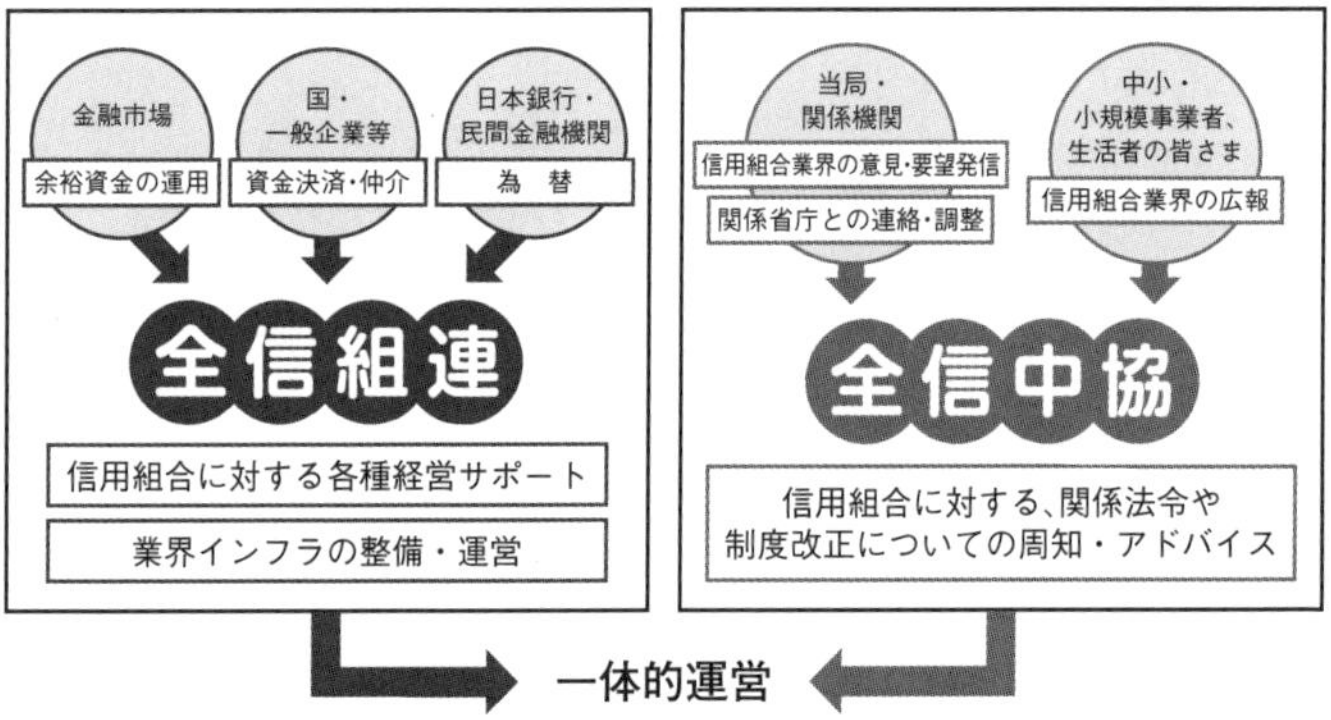

（出所）　全信組連「2022ミニディスクロージャー誌」をもとに作成

「日曜討論」出演で再認識した期待の大きさ

令和元年からは、全国の信組を束ねるもう一つの組織である全国信用組合中央協会（全信中協）との一体的運営が実現し、全信中協の副会長も兼任しています。一体的運営により、信組業界の中央組織としての意思決定の迅速化、機能強化を図ることができました。今後も、一体的運営をさらに緊密化していくことで、全国の信組、そしてそのお客さまである中小零細企業をしっかり支援していきます。

信組は、決してなくしてはなりません。地域の中小零細企業を支えるのは、信組です。中小零細企業が元気になることで、地域が活性化し、日本が元気になります。信組なくして、日本の繁栄はありません。特に、コロナ感染拡大という危機の状況下では、その役割の発揮が強く求められました。社会や経済活動においてコロナの影響が深刻になった令和二年五月にはＮＨＫの番組「日曜討論」に出演する機会をいただき、コロナで経営に苦しむ中小零細企業の窮状や地域金融機関としてあるべき姿などを述べさせていただきました。放送後は、取引先などから大きな反響があり、信組に寄せられる期待の大きさを改めて実感しました。

令和四年三月現在、全国には一四五の信組があり、計一五七六店舗のネットワークがあります。貸出先は、従業員五人以下の先が八三・八七%を占め、地域の皆さまの身近な金融機関として歩み続けています。今後も地域の発展に寄与できるよう、全信組が力を合わせて取り組んでいく所存です。

第二章

融資はスピードが命

――地域金融機関がなすべきこと

中小零細企業と正面から向き合う覚悟

融資一筋となった原点とは

当組合は、金融機関の本来的業務である預金・融資業務に特化した経営を一貫して続けています。なかでも、重視しているのが融資です。地域経済を支えている中小零細企業にお金を使っていただくことで、企業を、そして地域全体を元気にすることが、当組合の最大の使命だと考えています。

私にとって「融資はロマン」。融資した企業が、年月を経て上場したり、創業時は数人だった社員が三〇〇人、四〇〇人の規模にまで大きく成長していく姿をみたりすると、仕事のやりがいを感じます。広島県にどんどん立派な企業の花を咲かせていくことが私の願いです。「シシンヨーは苦しいときに助けてくれた。感謝しているよ」といってもらえることは、本当に嬉しく、誇らしく思います。

だからこそ、全職員が融資を「継続・集中・徹底」して取り組む組織風土を根付かせ、融資が大好きな人材の育成に努めています。融資を推進することが昇進の近道であることを公言していることも、次世代を担う「融資のプロ」を育てたいという強い思いからです。

これほどまでに融資にこだわるようになった理由は、私がまだ入組して間もない二二歳のころ、本店営業部の貸付窓口に座っていたときにまでさかのぼります。

私が当組合に入組した昭和四三年三月当時、日本経済は高度成長期で、広島の経済も活況を呈していました。窓口には融資の相談にお客さまがひっきりなしに来られました。融資の依頼に来店されるお客さまは皆、資金繰りを何とかしたい一心で何度も頭を九〇度に下げていました。そんな姿を目にするたびに、新人の私は大きな思い違いをするようになりました。

「お金を貸してあげれば、いくらでもお客さまは集まる」

「融資先なんか、簡単に獲ることができる」

そんな甘い考えを抱きながら一年ほど窓口に座り、信組マンとしてのイロハを学んだあと、私は上司である営業部長に、渉外担当にしてほしいと直訴しました。今となっては若気の至りともいうべきなのでしょうが、当時の私は根拠のない自信に満ちていました。

窓口から渉外への担当の変更は、それから六カ月ほど経ったころに実現しました。自分の希望が叶ったことがとても嬉しくて、私は部長に「これから先、必ず毎日新規の融資先を獲ってきます」と約束しました。

「ご融資させてください」

「ほかより金利を安くします」

そういえば、どこの会社でもお金を借りてもらえるという安易な心で新規開拓へ出かけました。たくさんの名刺をたずさえ、アポなしの飛び込みで訪問する日々を過ごし、時には周囲から驚かれるほどの優良企業にも足を運びました。

果たして、結果はどうだったでしょうか。

私は、すぐに自分の考えが甘かったことを思い知らされました。行く先々で話すら聞いてもらえず、「融資はいらない」「帰れ」という反応ばかりでした。このとき、私は現実の厳しさを初めて痛感したのです。

「融資をお願いしますと窓口で頭を下げていたあの姿は、いったい何だったんだ」

「どうして一つも新規開拓ができないのか」

呆然としながらもわかったことは、経営が順調な会社は新たな借入れはしないという、至極当然のことでした。優良企業であればあるほど、メインバンク以外からの融資はめったに受けないという現実を前にして、私は、世間の厳しさと同時に自分の浅はかさを思い知らされました。

それでも、その後一年間、私は部長と交わした「毎日新規の融資先を獲ってきます」という約束を果たそうと、死にもの狂いで新規の融資先の開拓に奔走しました。何としてでも新規の融資先を獲得することが、当組合のためになるのだと自らを鼓舞し、「帰れ」といわれながらも一日も欠かさず新規先の訪問を続けたことが、私を「融資一筋」人間にしました。

「融資一筋」は、今日の経営方針の原点となっています。

お金は「貸す」のではなく、「使っていただく」

こうした若手時代の苦い体験を通して、私は融資の奥深さを実感しました。そして、挫折感を味わう日々のなかで、さまざまなことがわかってきました。

金融機関の収益の源泉は融資です。金融機関はお客さまにお金を使っていただくことで成り立っています。しかし、お客さまに融資することはいかに難しいか、私は自らの体験で痛感しました。そんなときに気づいたのが、「お金は『貸す』のではなく、『使っていいただく』のだ」ということです。

私は、このことを、五〇年以上経った今でも肝に銘じています。

お金を使っていただくためには、常にお客さまの立場で考え、お客さまにとって必要なことは何か、お客さまにとっての利益とは何かという顧客本位の目線が大切です。職員に対しても、役員会議の場でも、あらゆる場面で「お金を使っていただく」という姿勢を繰り返し説いています。

「どうしたら融資でお客さまの役に立つことができるのだろうか」

お客さまからの難しいご要望であっても、ただ「ノー」と回答するのではなく、どうしたら対応できるかを考えることも、地域密着型金融機関である当組合にとっては重要な姿勢です。足を使い、労をいとわず取り組むことは、当組合の経営理念の一つとしても掲げています。シシンヨーの地域に対する密着度合いは、どの金融機関にも負けない深さや絆があるという自負があります。

その真価が問われたのは、第一章で述べた令和二年からの「コロナ危機」における対応でした。

コロナ禍では実に多くの中小零細企業が窮地に立たされ、厳しい経営を強いられまし

図表1　広島市信用組合の経営理念

1. 地域の皆さまとのふれあいの輪を広げます
2. 豊かで、健やかで、ゆとりある暮らしの実現に足を使い、労をいとわず取り組みます
3. 金融サービスの向上に努め、地域活性化の原動力として、地域の繁栄に貢献します

た。

「金融機関は、雨が降っていて傘が欲しいときには貸してくれない。晴れていて傘がいらないときには貸したがる」

多くの中小零細企業の経営者が金融機関のことをこういいます。しかし、先が見通せないコロナ禍は、たとえるなら、土砂降りの暴風雨の状態でした。倒産を防ぎ雇用を守り、地域経済を支えるため、まさに「傘を差し出す」ときでした。しかも、時間的猶予のない緊迫した状況のなか、中小零細企業を支えるには、普通の傘ではなく、できる限り大きな傘をすばやく差し出す必要がありました。

当組合は、全役職員が一丸となって取引先一軒一軒と向き合い、自らの存在意義を発揮する

べく奮闘しました。お客さまが苦境にあえいでいるときこそリスクをとってお客さまをサポートするという方針を示し、お客さまの来店を待つのではなく、こちらからお客さまのもとに出向いて状況を把握し、的確かつスピーディーな金融支援を行いました。

「現場主義」で実現する圧倒的なスピード

有事で違いがわかる、平生《へいぜい》での取組み

有事のときに地域経済を支えることができるかどうかは、平生での取組みが鍵を握っています。

シシンヨーの特徴の一つは、融資の可否を遅くても三日以内に決めていることです。この原則は、コロナ禍のような未曾有の事態でも変わりません。

資金繰りに困っている経営者は、とにかく一刻でも早く融資を受けたいと考えています。しかし、金融機関によっては融資の可否を判断するのに一週間、場合によっては二週間要することも少なくありません。

当組合の決裁の早さは、お客さまの安心感につながります。たとえ、審査結果が「ノー」であっても、すぐに次の手段を検討することができるからです。シシンヨーの金利は、ほかの金融機関よりも若干高めですが、中小零細企業が求めているのは、金利の低さよりも、スピードです。

融資の決裁スピードは、ほかの金融機関と差別化する当組合最大の武器です。

「フェイス・トゥ・フェイス」の徹底でお客さまを理解する

三日以内の融資決裁を可能にするためには、日頃からお客さまのことをよく理解しておくことが大切になります。

当組合では、自らの足でお客さまのもとへ何度も出向き、直接顔を合わせて会話を交わすことを最も重要な日常業務と位置づけています。繰り返し訪問することで、お客さまとの信頼関係が構築でき、情報をいただけてニーズがわかり、新たな融資につながります。お客さまも当組合の職員の顔をみて話をすることで、当組合への安心感、信頼感が増すはずです。

お客さまとの信頼関係を築くには、「フェイス・トゥ・フェイス」のコミュニケーションが一番です。そして、その企業の経営状況や技術力、将来性だけでなく、経営者の人柄や人間性、家族構成、従業員や事務所・工場の様子など、何度もおじゃまして直接目にして肌で感じた情報の一つ一つが当組合にとって大切な財産となります。

大変ありがたいことに、訪問時には、お客さまからお茶をすすめられることがあります。当組合ではお茶をいただきながらお客さまと交わす何気ない会話を大事にしています。職員には、「一日にお客さまと何杯のお茶を飲むかが重要」だと話しています。訪問を重ねていくことで、新たな融資につながる一方、損失を回避することもできます。

何度も通うと、「いつもと違うな」と感じる場面があるものです。あいさつすると、経営者の顔色が一瞬曇ってよそよそしい態度になったり、会話をしていても歯切れが悪かったり、「心ここにあらず」の様子だったりします。そういったわずかな違和感を察知したことで融資を回避し、結果的にお客さまもシシンヨーも大きな損失に至らずに済んだことは一度や二度ではありません。

こうしたフェイス・トゥ・フェイスの重要性も、お客さまから学びました。

若手だったころ、「いくらでも融資ができる」と思い違いをしていた私は、勢いだけで融資を行っていました。お客さまのことを理解しないまま、決算書の数字だけをみて融資に踏み切った結果、あるときお客さまに夜逃げをされてしまいました。

最初は、裏切られた気持ちでいっぱいでした。しかし、振り返ってじっくり考えてみると、融資の際、私は自分のことしか考えていなかったことに気づきました。お客さまをみていなかったのです。

融資が行えたという達成感や成績ばかりで頭がいっぱいになり、経営者の方がどんなことを考えて日々仕事をしていたのか、どんな悩みがあったのか、理解しようとしていませんでした。新たな融資を受けたことで、一層、返済に対するプレッシャーが増し、苦しんでいたのかもしれません。

融資は、一人ひとりのお客さまの目線に立って寄り添い、お客さまのためになるような提案をすることが大切です。資金繰りでお客さまを苦しませてはなりません。シシンヨーの融資がお客さまのモチベーションにつながるような支援をするのが、われわれの役割です。

そのことに気づいた私は、何度も取引先のもとに足を運ぶようになりました。訪問することで、経営者が何を考えているのか、会社がどのような状態であるのか知るためです。

また、繰り返し訪れることで、顔色や態度の違いを敏感に察知できる洞察力が養えるようになりました。

私が実践してきたフェイス・トゥ・フェイスの取組みは、シシンヨーの大きな特徴の一つとなっています。

フットワークを大事に

「フェイス・トゥ・フェイス」と並んでよく口にする言葉が「フットワーク」です。フットワークの軽さも当組合の大きな特徴です。

ほかの金融機関が一回訪問するならば、シシンヨーの職員は三回、五回と頻繁に訪問する。そうしたことを大事にしており、それがお客さまにとっての利便性につながると考えています。お客さまの来店を待つことなくこちらから出向くことで、悩みや困りごとの解決に向けてスピード感をもって取り組むことができます。もちろん、お客さまから要望があればいつでもすぐに駆け付けます。県西部を中心に店舗ネットワークを張り巡らしているので、都市エリアだけでなく、郊外エリアであっても、同じようにフットワークの軽さを活かした対応ができることが、当組合の強みでもあります。

「フェイス・トゥ・フェイス」と「フットワーク」は、渉外担当だけでなく、支店長自らも日々、実践しています。支店長は、その支店のすべての融資先を訪問しており、それぞれの取引先の状況を数字も含めて把握しています。これまで取引がない企業であっても、アポなしでごあいさつに伺うことは、当組合では当たり前の取組みです。何度も通い、お客さまの状況を把握していれば、いつ融資の相談を頂戴してもスピーディーに対応できるからです。

「融資はロマン」だからこそ力を入れている取組みの数々をご紹介しましたが、本章の初めに申し上げたとおり、当組合は、一貫して預金・融資業務に特化した経営を行っており、融資業務と同様、預金業務もほかの金融機関以上に重視しています。たとえば、最近は信用金庫や信用組合でも敬遠しがちな小口で多数の集金業務にも手を抜かず継続して取り組んでいます。

融資先も集金先も分け隔てなく訪問しますので、渉外担当者の一日の訪問先数は二〇～五〇軒にのぼります。小回りがきくスーパーカブに乗り、フットワーク軽く走り回っていますが、渉外担当者全員の年間走行距離はおよそ一二〇万キロメートル。換算すると、地球三〇周分にもなります。支店長も一日一〇～一五軒を訪問します。定期的にお会いして信頼関係が築けているからこそ、年金受取口座や新規預金獲得、そして法人の運転資金・設備資金や個人の住宅ローン、リフォームなどの資金需要を掘り起こし、最適な提案ができるのです。

年二回、当組合の業績をまとめたディスクロージャー誌ができあがると、役員、支店長、職員が三週間をかけて、粗品とともにおよそ一万六〇〇〇軒の取引先のもとを訪問します。業績の概要をご説明し、感謝の気持ちをフェイス・トゥ・フェイスで直接お伝えするためです。職員全員が組合の経営を理解していなければ、業績のご説明はできません。当組合が預金と融資に特化する「シンプルで透明性の高い経営」をしているからこそ可能なことといえるでしょう。

トップ自らアポなし訪問

私自身も、アポなしでお客さまを訪問することを日課としています。お客さまに手土産としてお渡しする饅頭は毎日車に積んでいます。理事長室に閉じこもっていても、お客さまのことはわかりません。直接出向くことで、財務諸表に書かれていないことを感じ取ります。

アポなしで訪問するのは、事前にアポをとれば、相手はどうしてもかまえてしまうからです。もちろん社長が不在にしていることもありますが、それでもかまいません。従業員の態度はどうか、電話で話している話題は深刻そうでないか、ホワイトボードに書かれている内容は以前訪問したときから変化しているのか、事務所や工場は整理整頓されているかなどをみれば、瞬間的に色々なことがわかります。

私が訪問する際には、支店長や担当者は同行させません。お客さまは、支店長や担当者がいる前では支店に対する苦情や要望をなかなかいえないからです。苦情やクレームを含めお客さまからの率直なご意見は、当組合の宝になります。そして、経営トップが自ら現場主義を貫いていることを役職員に示すことは、当組合の風土づくりにもつながります。

人口の減少や地域の過疎化などを背景に、これまでの店舗配置が非効率だとして統廃合を推し進めている金融機関は少なくありません。また、集金業務や中小零細企業への御用聞きのような訪問は非効率だとして取りやめたり見直したりする金融機関も多くあります。

しかし、ほかの金融機関にとっての「非効率」は、当組合にとっての「効率」です。フェイス・トゥ・フェイスとフットワークの徹底は、収益面に限らず、お客さまとの関係強化にもつながっています。

当組合は地域密着型金融機関として、足で稼ぐ「現場主義」を今後も継続して実践していきます。

融資の可否は三日以内に

毎朝六時半から開く役員会議

私の一日は、毎朝五時一〇分に出勤して、三五ある本支店の支店長から前日に送られてきている日誌に目を通すことから始まります。日々の営業活動で集められた、財務諸表だけではわからない、新鮮な情報を把握するためです。

日誌には、「繁忙期で従業員の皆さんは忙しそうでした」「社長は元気でした／体調を崩されていました」など、日常の他愛もないことも記録として残しておくように指示しています。こうした情報の積み重ねを通して、お客さまの状況に思いを巡らし、それに対して、支店長がどう行動しているのかを把握するようにしています。職員の日報やそのほかの書類も確認し、全体の情報を頭のなかで整理します。そして、必要に応じて注意点やアドバイスなどを書き加えます。

役員会議は、毎朝六時半から開いています。役員は、六時一五分までには出勤しています。通常なら役員会議の決裁は週に一回程度ですが、当組合では毎日行います。役員には「職員の五倍、一〇倍働くように」と伝えていますし、私はその何倍も働くようにしています。上の人間が優柔不断でモタモタしている組織は強くなりません。経営トップや役員は、そのうしろ姿で部下を育てるべきです。

営業店の渉外担当者が、何度も足を運んで獲得した融資案件は、毎朝の役員会議で答えを出します。審査部には、経験豊かなベテランを配置して、それを可能にする体制を整えています。

「その日のことは、その日のうちに」

その日に持ち上がった融資案件は、当日に審査の可否を判断することが大半で、遅くとも三日以内には結論を出します。融資案件だけでなく、企画案件、総務案件なども、この役員会議の場で議論します。

この毎日行っている早朝の役員会議が、ほかの金融機関とは圧倒的に違うスピードを生むのです。

決断の早さは、職員の働きやすさにもつながります。

私を含めた役員が朝早くから出勤している一方で、職員は、どんなに早くても八時一〇分より前に出勤することはできません。職員が出勤したときには、その日対応すべきすべての案件の決裁が済んでいます。前日に提出された書類の内容もすべて役員間で共有され、何らかの結論が出されています。そのため、職員は待たされることがなく、スムーズに仕事を進めることができるのです。

「ミドルリスク・ミドルリターン」の目利き力で、保留は一切なし

シシンヨーのもつスピードは、ひとえに地域の中小零細企業を支え、雇用を守るという使命を果たすためのものです。手元の資金が不足し、資金繰りが苦しい経営者の思いに寄り添えば、一日でも早く融資を行うかどうかの判断を下さなければなりません。融資の決裁に時間をかけて、お客さまを待たせるようなことはあってはならないのです。

もちろん、すべての案件に対し、やみくもに融資を行うわけではありません。しかし、ほかの金融機関では断られた案件でも、当組合においては徹底した現場主義によって培わ

れた独自の目利き力と、継続的に収集した情報をもとに議論した結果、融資する決断に至るケースは多いのも事実です。

当組合のお客さまは、中小零細企業ですから、赤字、繰越欠損、債務超過の会社も数多く存在します。貸し倒れによって損失が発生することを回避しなければならない金融機関としては、あまり融資に積極的にはなれないというのが正直なところでしょう。

当組合の融資は、「ミドルリスク・ミドルリターン」をポリシーにしています。ミドルリスクの融資をする代わりに、金利は少し高めに設定していますが、お客さまからは、当組合の決断の早さを評価いただいています。

リスクは少し高いかもしれないが融資をするという判断を支えているのは、経営者の人間性・将来性などの目利きです。それは実際にこの目で直接確認しなければ、わかりません。ミドルリスク融資を支えるシシンヨーの目利き力は、現場で培われています。

特に、アポなしの訪問は、お客さまの「素」の姿がわかるため、融資の判断を行ううえでの重要な判断材料になります。また、訪問の頻度をあげることで、業況の落ち込みや融資が不良債権化するリスクも事前に察知することができます。お客さまが抱えている悩みもいち早くつかむことができます。定量的な情報だけではなく、定性的な情報も知っているからこそ、融資の決断が早いのです。

ミドルリスクをとる以上、お客さまとは腹を割った本音ベースのお付き合いをさせていただくようにしています。日頃の情報交換だけでなく、通常は立ち入ることのできない工場のなかをみせていただくことも珍しくありません。会話を重ね、お客さまの経営哲学に触れて、現場をみせていただき、運命共同体のような思いで取引先を全力でサポートしています。

すべてはシシンヨーをよくするため——三日以内の融資決裁実現までの道のり

お金を使っていただくための挑戦

遅くとも三日以内に融資の可否を決めるという体制を整備した背景には、「融資一筋」と公言している以上、お客さまを待たせることはできないという私自身の思いとともに、シシンヨーをお客さまにとって最も信頼できる金融機関にするという強い覚悟がありました。

私が若手のときには、当組合でも、融資の決裁には時間をかけるのが常識でした。何度も足繁く取引先に通い、ようやく獲得した融資案件を本部に稟議しても何週間も待たされるのが当たり前の状態でした。

また、融資を渋る支店の上司や本部の審査課長からは、「その半分の金額にするように」といわれたこともありました。そのたびに、上司や本部にかけあったものです。

融資の決裁に時間をかけて困るのはお客さまです。

「お金を貸してやる」というスタンスで融資を判断していることに腹を立て、上司や本部の諸先輩方と衝突したことは何度もあります。せっかく作成した稟議書を投げ返されたことも、一度や二度ではありません。

「お金は貸すのではなく、使っていただくのだ」

「シシンヨーが将来発展するためにも、簡単に地元の企業を見捨ててはならない」

血の気の多い性格のため、若手のころは上司や諸先輩方には大変ご迷惑をおかけしました。しかし、融資審査に対する不満は、私利私欲によるものではないことを理解してくださる方もいらっしゃいました。

こうした熱血的な行動が評価につながったのかは不明ですが、昭和五六年二月、三五歳にして三篠支店の支店長に任命されました。当時の近谷俊雄理事長による異例の抜擢でした。

仕事に対する姿勢で道は拓く

支店長となった私は、近谷理事長の期待や思いに恥じないよう、融資一筋で営業を推し進めました。自ら積極的に外回りをすることで、支店内の全職員にも覇気が伝わり、全員で外へ出て融資の新規開拓を行いました。

その後、私は中広支店長、出島支店長を歴任したのち、昭和六一年三月に同年七月にオープン予定の可部支店の開設準備委員長を拝命しました。

当時は支店開店時は預金獲得に向けて力を注ぐことが一般的でしたが、私は融資先の開拓に集中するよう職員に指示を出しました。新店舗がオープンするまでは、融資手続きを別の支店に代行してもらい、結果的には開店時に三〇〇社を超える融資先を獲得しました。私の人生のなかでも猛烈に仕事をしたといえる時代でした。

可部支店長時代はバブル期であり、融資の話ができない役席や担当はお客さまに相手にされませんでした。金額にもよりますが、即決でないと話を進めることができません。

いったん話を持ち帰り、本店に判断を仰ぐとなると、回答がどんどん遅くなります。融資案件にすばやく答えを出さないのは、今、お金を必要としているお客さまに対し、不信感を与えることにつながります。ほかの金融機関では一週間から一カ月かかるところを、シシンヨーならすばやく融資できるとお客さまに思ってもらうことが信頼を得る鍵になります。

しかし、本部の決裁が遅いため、何度も泣かされました。審査部は営業店に対して、稟議書を盾にとり、上から目線で接していました。しかし、営業店・審査部が一致団結してスピーディーに決裁を進めなければ、新規開拓は進まず、シシンヨーの信頼も価値も高めることはできません。この思いを何度も本部に訴え、口論しました。

支店長会議で、私の発言で恥をかかされたと思い込み、私の意見ではなく態度を激しく非難した方もいらっしゃいます。ただ、私は動じませんでした。すべては「シシンヨーをよくするため」の発言だったからです。

そんなとき、助け舟を出してくださったのが、当時の橋本真吉理事長でした。

「先ほど山本君がいった意見は、正しいんですか、間違っているんですか」

普段の仕事に対する姿勢をみてもらっていたことに、深く感謝しました。その後、融資改革に着手できたのは、橋本理事長の後ろ盾があったからです。

審査における改革に着手

平成四年に本店営業部長となり、その後、審査部長、管理部長を歴任しました。審査のあり方を大きく変えたのは、平成六年に審査部長になってからです。

この時期はすでに国内全体がバブル崩壊による不景気に陥っていました。当組合の取引先も、倒産に至る企業が後を絶ちませんでした。

そんななかでも、支払いの滞った融資先に対し、融資条件の緩和を提案しながら、少しでも早く企業再生してもらえるよう、できることを徹底的に実行しました。

「二、三週間、長いときは一カ月かかる本部の融資審査を、基本的に三日以内とする」

この宣言に、全支店の支店長たちは大喜びでした。一方で、本部を中心に抵抗する意見も強いものがありました。

「審査はもっと厳密にやるべき」

「複数の目を通すべき」

しかし、現場主義の私からすれば、こうした意見はただの保身のためとしか思えません。シシンヨーをよくするためには、お客さま目線で考えてみて余分なもの、無駄な仕組みを取り除く必要があるとの信念はゆるぎませんでした。

融資を三日以内にしようと取り組んだ当初は、日々の審査が毎晩遅くまでかかっていました。案件を処理するごとに、自らの負担も大きくなりました。

それでも、ある時期から軌道に乗り始め、収益があがるようになりました。結果がついてくると、周囲の私に対する見方も変わります。私のやり方に理解を示し、一緒に取り組んでくれるようになりました。

シシンヨーのスピードは、当組合と取引をしていただいている地域のお客さまのニーズに最大限に応えるため、さまざまな努力の結果、実現しました。将来、シシンヨーのためになるという思いがあったからできた改革です。

ほかの金融機関が、当組合と同じスピード感で決裁しようとしても、一朝一夕ではできないでしょう。大切な情報を見落としてしまい、経営に影響をおよぼすような事態にもつながりかねないからです。

三日以内の融資決裁は、シシンヨーの大きな付加価値であると同時に、われわれがお客さまを支える「最後の砦」となるという使命感の表れなのです。

取引先の事例――融資はロマン

お金を追うな、人を追え

「融資はロマン」

これは私の口ぐせです。

若手のころから今日まで、私は融資一筋を貫いています。融資がスムーズに実施できる環境を整備し、「継続・集中・徹底」して現場に出向くことを大切にしています。

ほかの金融機関では手の届かない、目の行き届かないところでも、融資の鍵となるポイントはいくらでも見つけることができます。

ただ、「現場をみる」というのは、実は簡単なことではありません。漠然とみていても、本当のところはわかりません。「なぜ業績がよいのか」「なぜ設備投資が必要なのか」、逆に「なぜラインが止まっているのか」「なぜ清掃ができていないのか」など、ヒントは現場にたくさん転がっています。要は、そこに気づくか気づかないか、なのです。

深い洞察力を発揮しながら、困りごとに耳を傾け、そのお客さまにとって必要なことは何か、課題は何なのかを考え、最適なタイミングで最適な融資ができるようにならなければなりません。

赤字、繰越欠損、債務超過でも、経営者が事業へ取り組む姿勢や熱意、事業の中心となっている技術、その将来性をみて融資の可否を決めます。

ミドルリスク・ミドルリターンをとると公言している以上、常に最悪のケースはシミュレーションしています。新たな危機に直面するのは一年後かもしれませんし、一〇年後かもしれません。最悪のケースを想定しながら、それでもリスクを背負って融資ができるよう、強固で筋肉質な財務体質を維持していくことを徹底しています。

こうしたさまざまな取組みの結果、お客さまが資金繰りの苦しみから解放され、本業に集中し、業績が回復するのを目にしたとき、心の底から「融資を続けてきてよかった」と思います。それがまさに「融資はロマン」なのです。

《事例》　医療ベンチャー企業　株式会社ツーセル

平成一五年に起業したバイオベンチャー企業であるツーセルは、広島大学と連携して、間葉系幹細胞（ＭＳＣ）を用いた再生医療に取り組んでいる会社です。損傷した膝軟骨を再生できる医療技術の研究・開発を進めています。

最初に訪問したときのツーセルは、赤字・繰越欠損・債務超過という創業間もないベンチャー企業の典型でした。ユニークなビジネスモデルでありながら、売上げはゼロ状態。すでに、数億円の大赤字を抱えていました。

ツーセルは、再生医療の研究・開発を進めるために、新たな資金調達を必要としていました。研究・開発の成果もみえていましたが、ほかの金融機関は、財務状況の悪さから融資を見送っていました。

【現場】

私はある方の紹介でツーセルの窮状を聞き、研究室を訪問することにしたのです。

まず目に入ったのは、研究・開発に没頭する社長と従業員の皆さんの姿です。その後、ＭＳＣを用いた膝軟骨再生細胞治療製品の開発についてのお話や、将来の展開、課題などを素人ながら伺いました。社長が高いビジョンをもち、腰を据えて取り組む姿勢をみて、その人間性にほれ込みました。

そして、何気なく、研究室で身に着ける着衣の値段を伺うと、想像以上に高額で驚きました。それにもかかわらず、研究室の外に出るとすぐに廃棄しなくてはならないほど、衛生管理の徹底が必要なのだそうです。研究・開発には莫大な費用が必要なことを知りました。

ＭＳＣはすべての人の骨髄や滑膜などから採取ができ、骨、軟骨、心筋、脂肪、神経など、多種類の細胞へ分化できるそうです。この技術が実用化されると、膝軟骨だけでなく、さまざまな疾患の治療に応用されることが期待されます。日本はもちろん、世界の医療に貢献するものだという印象をもちました。

広島で生まれたベンチャー企業から誕生する製品によって、世界中の人が救われるのです。せっかく高い技術力・将来性があるのに、開発にコストがかかるという理由で経営が厳しいツーセルの実情を解決すべく、三億円の融資を決定しました。

【融資後】

その後、この膝軟骨再生細胞治療製品は、大手製薬会社である中外製薬とライセンス契約を結びました。多額の契約金が入り、前述の借入れは、すでにすべて返済されています。

ツーセルには、ライセンス契約のことを新聞・ニュース等で知ったほかの金融機関の担当者が訪れ、融資の話があったと伺いました。当組合は、ほかの金融機関と比べて金利が若干高いため、借換えをすすめられたそうです。しかし、現在でも、当組合とツーセルのお取引は続いています。

膝軟骨再生細胞治療製品の実用化に向けた臨床試験は、令和三年に完了しました。いずれ、この新しい治療が受けられるようになるでしょう。

《事例》 地元で愛されるパン工場の再生

経営存続の危機に陥った企業に融資を行い、再生を図った事例は、シシンヨーでは数多くあります。

一つの事例として、親子二代四〇年にわたり、地元の学校の売店や病院などで親しまれているパンの製造・配送を行っている会社を紹介しましょう。

この会社も、赤字・繰越欠損・債務超過でした。すでに、ほかの金融機関から三億円の融資を受けており、その返済のために所有する土地の売却を進めていました。しかし、売却に時間がかかり、返済期日までに間に合わない、という一刻を争う事態でした。

せっかく業績は安定しているのに、返済ができなければたちまち信用を失い、営業も難しくなります。土地の売却までのつなぎとして、緊急融資の依頼がありました。


【現場】


パン工場を訪れると、朝早くから稼働しています。年季の入った工場では、ご両親とお子さんが手慣れた様子で黙々と作業していました。パンの香りと熱気に、この工場での仕事がどれだけ大変かがわかります。

この会社の強みの一つは、地元の学校や病院に幅広く卸していることです。学生のお小遣いでも買える価格帯で、高齢者や病気の方でも食べられるやわらかさが特徴です。私もパンをごちそうになりましたが、本当においしかったです。パン一つ一つの儲けは少ないですが、四〇年にわたって商売を続けている実績があります。儲けるためではなく、地元の人々の暮らしを支えるための仕事です。

ここは、地域になくてはならない工場だと思いました。パン工場を継続して運営してほしいという思いから、一時的な融資ではなく、ほかの金融機関からの三億円の借入れの肩代わりを決め、借換えの融資提案を行いました。

【融資後】

当組合の融資により、返済に対する悩みから解放され、とても喜んでいただきました。返済負担が減り、本業に投資する余力ができました。現在では、新たな工場をつくり事業を広げています。そして、従前と変わらず、地元の学校や病院にパンを配達し、多くの人たちに愛されています。

タブレット端末の導入で働き方改革

効率的な訪問活動が可能に

現場主義をさらに強化し、準備をミスなく迅速に行って、訪問先数を増やすために、令和三年一月に全支店長と渉外担当者にタブレット端末を配布しました。業務の効率化や時間短縮を図ることができ、働き方改革にもつながっています。

タブレット端末には、これまで使用していた携帯型情報端末（ＰＤＡ）にはなかった、地図や無線通信などの機能が備わっています。

地図データと取引データを連動させることで、画面上で取引状況が確認できます。融資の状況や給与の振込、年金の振込など、重要な取引があれば、モニター上で色分けして表示することができ、見込み客を探しやすくなります。

訪問予定先や経路も可視化され、情報共有もしやすくなり、効率的な営業活動が可能になりました。無線通信を介して顧客情報を閲覧できるため、個人情報のセキュリティも強化されます。さらに、毎日の訪問の記録もでき、情報システムに転送できるため、より多くの時間をお客さまのために使うことができるようになりました。渉外担当者と営業店、本部がいつでも連絡できるチャットシステムも搭載しました。

設備・システムに要した資金は約二億円ほどですが、すべてはお客さまへの円滑な融資の実行のための投資です。

足で稼ぐ方針は一切変えません。コロナ禍でほかの金融機関では訪問をリモートに切り替えたところもあると聞きますが、対面での訪問は当組合の生命線であり、お客さまにも支持されています。現場主義を徹底するうえで、スピーディーな融資を実現させるためのデジタル活用を今後も進めていきたいと考えています。

融資後の与信管理

担当者だけでなくほかの職員も融資先を訪問

融資が実行されたあとも、現場主義は変わりません。ほかの金融機関では融資を実行することがゴールで、その後はあまり訪問しない「貸しっぱなし」のような状況になっているケースもあると聞きますが、当組合ではそうではありません。会社の規模や業種、取引の大小に関係なく、融資後も頻繁にお客さまのもとを訪れます。担当職員だけでなく、支店長や役席者などのほかの職員も訪問します。

この「重層管理」の徹底も、当組合の通常業務です。普段から複数の職員が出向き、「目を変え」「耳を変え」てお客さまと接していれば、ちょっとした変化にも気づき、もしものときの対応もスムーズにできるからです。前述のとおり、私自身もアポなしで訪問することを日課としています。

今回のコロナ禍においても、取引先の実態を把握するため、支店長、役席者、担当者が出向いて重層管理を行いました。それぞれが個別に訪問するので、取引先との信頼関係を深めることができ、取引先の経営状態をより詳細に把握できます。これまで知らなかった情報を入手できたケースもあり、新たな融資にもつながっています。

重層管理で損失を防ぐ

重層管理は、守りの面でも役立ちます。複数の目でみることで、わずかな違和感をキャッチでき、損失を防ぐことができます。

たとえば、ある大きな企業の追加融資を役員会議で検討したことがありました。メガバンクも相当額を融資している企業で、財務上の数字も問題なく、ネームバリューもありました。

しかし、私がその企業を訪問すると、違和感がありました。経営者の表情がいつもと違いました。従業員は何か隠そうとする不自然な態度でしたし、稼働していない工場内の様子も気になりました。普段からよくみているからこそ、釈然としないのです。

「これは粉飾だ」

私は、折り返し融資（既存融資の残高を返済し、新たに同額の融資をすること）は行わず、回収することを指示しました。

予想したとおり、その企業からは期限どおりの返済がなされず、のちに倒産に至りました。結果的にすべての資金の回収はできませんでしたが、回収不能額は最小限に抑えることができました。

目利き力は、現場でしか培うことはできません。小さな異常・変化を見逃さずに倒産の兆候を察知できるかは、それぞれの職員の感性にかかっています。若手職員は、同じ取引先を訪問した上司や先輩職員などから学ぶものがあるでしょう。重層管理は、職員の成長にも貢献している取組みといえます。

延滞先の再生

延滞会議で情報共有

シシンヨーは、取引先を倒産させないこと、雇用を守ることを使命としています。

信用組合が融資する企業は、法律によって従業員三〇〇人以下または資本金三億円以下（卸売業は一〇〇人または一億円、小売業は五〇人または五〇〇〇万円、サービス業は一〇〇人または五〇〇〇万円）で、地元で事業を行うところと決められています。ですから、お客さまの中心は中小零細企業で、受注先の経営状態や景気の影響を受けやすく、赤字・債務超過の企業が多いのも現状です。

延滞先を出さないために、当組合は取引先を頻繁に訪問し、信頼関係を築きながら、資金繰りなどの困りごとに耳を傾け、打開策を徹底的に話し合います。

しかし、業績悪化により、借入金の利息支払いが困難になる融資先は、どうしても発生してしまいます。特にコロナ禍では、次々と取引先が窮地に立たされました。「地域金融機関は、地域経済を守る『医者』としての役目を果たす必要がある」

当組合では、総延滞率一％未満を目標にした取組みを行っており、延滞管理も徹底しています。

一回目の延滞が発生すると、延滞の背景にある実態を改めて細かく洗い出します。経営者自身も、複数の融資を受けていると細かく数字を把握していないことが多く、何度も足を運び、詳細に情報を集めます。

返済が滞っている取引先への対応を協議する「延滞会議」も定期的に開き、情報を共有しています。取引先をどう支えるかの方針を決め、二回目の延滞が発生しないよう、きめ細やかに経営者をサポートします。再生できるチャンスを徹底的に探ります。

経営改善が見込める取引先に関しては、未収利息の免除や金利の引下げ等、条件を緩和し、企業再生のアドバイスも実施します。

それでも延滞が続く場合には、バルクセールによる不良債権のオフバランス化が選択肢の一つとなります。バルクセールについては、第三章で詳しく説明します。

《事例》　資金繰りを支えるきめ細やかな対応

農業用機械中古販売業を営む会社を訪問したところ、一時的に経営状況が悪化し、仕入れや設備投資などの資金の確保が難しくなっていると、相談を受けました。地域の農家に農機具などを安く提供している、地元の農業を支えている会社です。地域に根差し、地域を支えているような会社をなくしてはいけません。他行からの借入れや個人で借りているローンも含めて全体を見直したうえで借換え融資を行い、毎月の返済が余裕をもってできる資金繰りとしました。

私は、ウィズコロナ、アフターコロナでは、地域金融機関の「医者」としての力量が、その地域の経済を左右することになると考えています。当組合は、地域の中小零細企業に尽くして支えていくため、一人ひとりのお客さまの「ホームドクター」に徹する所存です。

トップこそ足で稼ぐ

理事長就任後一年で一五〇〇軒以上をアポなし訪問

審査部長、管理部長時代は、三日以内の融資審査が可能となる環境を整備しながら、不良債権処理に奔走しました。その後、専務理事を経て、平成一六年に副理事長に就任し、引き続き不良債権処理に全力を傾けました。

そして、平成一七年六月に、私は澤村和男理事長に代わり、第一一代理事長に就任しました。

この理事長就任を機に、私は自らの「原点」に帰るために、改めて取引先の訪問を徹底することにしました。通常の取引先だけでなく、破綻懸念先も含めて、就任後一〇カ月で一〇〇〇軒を回る目標を立てました。

事前連絡なしで訪問するため、社長が不在にしているときもありますが、後日お礼の手紙をくださる方も多く、若いころに担当した地区では、数十年ぶりの再会に、涙を流して迎えてくださった方もいらっしゃいました。

一〇〇〇軒訪問は、決して楽な目標ではありません。しかし、新たな基盤づくりの第一歩と位置づけ、最後までやり遂げようと自分を鼓舞しました。

一年後、私は一五〇〇軒以上の訪問を実行していました。休日を考えれば、一日におよそ五～六軒のペースになります。朝早くから車を出す毎日でしたが、営業育ちのせいか、とにかく現場が好きで、苦にはなりませんでした。

取引先への訪問は、前述のとおり、現在でも続く習慣です。トップに立つ人間が、現場を大事にしていることが伝われば、自然と職員にも思いが伝わります。私が理事長室に閉じこもり指示しているだけでは、職員はついてきません。トップが動けば、職員も動かざるをえません。当組合では、役員、支店長を含めたすべての職員が現場訪問を大切にしています。

私は「金融のプロ」「融資のプロ」とは、毎日毎日お客さまのもとを回り、それを継続することでしかなれないと考えています。そんな私の「現場主義」を地で行くような仕事ぶりを平成三〇年九月にＮＨＫの看板番組「プロフェッショナル　仕事の流儀」が取り上げてくれました。同番組は、さまざまな分野の第一線で活躍するプロの仕事に迫るドキュメンタリーです。金融機関の経営者が登場するのは、私が初めてでした。およそ半年間にわたる密着取材を受け、日々私が愚直に取り組んでいる「現場主義」の実践の様子が放映されました。放送直後から各方面より反響があり、当組合の知名度向上につながりました。現在でも、取引先を訪問すると、番組の話が出ることがあり、当組合が地域金融機関として本来業務に特化した経営を一貫して続けていることを、ご理解いただける一助となっています。

地元のお金は地元で活かす

地域金融機関を取り巻く環境は、昨今、一段と厳しくなっています。人口減少、少子高齢化が進み、地方は疲弊しています。低金利が長く続くなか、コロナ感染拡大による影響も長期化しました。

図表2　地域に密着した営業活動

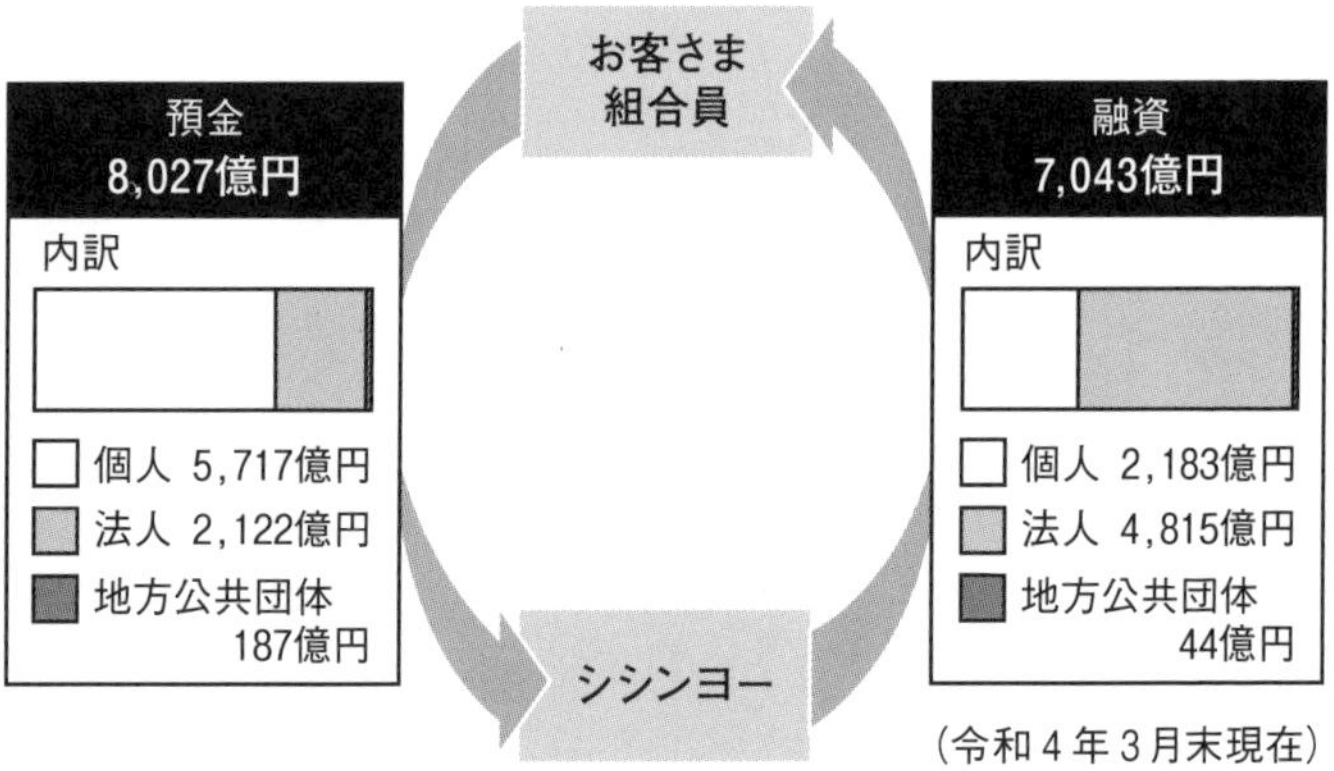

（令和4年3月末現在）

そうした厳しい経済情勢のなかにあって、当組合は、地域の中小零細企業を支え雇用を守ることに心血を注いでいます。信用組合は、相互扶助を目的につくられた協同組織金融機関です。当組合は、地域に深く根を張り、訪問活動を徹底してお客さまに寄り添っています。そして、融資を中心に迅速な対応を心掛け、きめ細やかに資金需要を発掘し、地域の発展に寄与したいと考えています。

おかげさまで業績は好調です。預金と貸出金はともに順調に伸びており、令和四年三月末の残高合計（預貸和）は一兆五〇七〇億円となりました。貸出金利息の増収により、金融機関の営業活動による収益をあらわす経常収益は一七六億七九〇〇万円で、一九期連続増収を達成。経常利益（六二億四一〇〇万円）、当期純利益（四五億二六〇〇万円）、金融機関の本来業務による利益を示す「コア業務純益」（一一〇億四一〇〇万円）はすべて、過去最高を更新しました。

「地元のお金は地元で活かす」

創業以来のモットーを大切に、地域に貢献することを一番に考えています。

コラム

利益を生むためのタイムマネジメントの鍵は朝

タイムスケジュール

私は毎朝五時一〇分には出勤していますから、起床は三時半になります。生まれ変わってもシシンヨーで働きたいと思っている私は、早起きも苦になりません。シシンヨーが好きだからこその日課です。

体は資本ですから、早朝に、体重や血圧の測定、水分補給、軽い体操など、その後の活動が円滑かつ精力的に行えるよう、自分の体調の確認をします。これは、自分に気合を入れるためのルーティンでもあります。

六時半からは役員会議で、融資案件の可否を決裁していきます。役員も全員現場主義の人間ですから、議論から決断までは基本的に早いです。

職員の出勤は八時一〇分以降ですから、それまでの約二時間の間に、融資案件だけでなく、総務・企画案件など、決めるべきことはすべて明確にしておきます。

融資一筋の私にとって、取引先の訪問が、最も大切な時間です。役員会議を終えてから、手土産の菓子箱を一〇～一五個ほど車に積んで、毎日アポなしでお客さまのもとへ出向きます。

行先を決めずにふらっと訪問するときもありますが、支店長の日誌から気になった企業へ出向くこともあります。訪問するのは、近場の都市エリアだけに限定しません。郊外エリアにも向かいます。長靴や帽子なども車のトランクに入れていますので、汚れても問題ありません。私の名刺をみて、「こんなところまで理事長が来るのか」と驚かれたこともあります。

その代わり、退勤後の接待や飲み会はしません。昼にお客さまとノンアルコールビールを飲みながら会食をすることはありますが、夜のお付き合いをしないことは、私のポリシーです。一八時には退勤し、二二時には就寝します。毎日食べるのは、生野菜と魚、果物、もずくや納豆、黒豆酢大豆、蒸し黒ニンニク、プロポリスです。

平日の主なスケジュール

3:30	起床
3:55	食事・新聞を読む
4:45	自宅を出る
5:10	出勤
	支店長日誌などの確認
	体重・血圧測定など
	水分補給・体操
6:30	役員会議
9:00	お客さま訪問
18:00	退勤
18:25	帰宅・食事
	ウォーキング
	新聞や書籍を読むなど
22:00	就寝

帰宅後の日課は、夕食後のウォーキングです。その後、新聞や書籍などを毎日二時間ほど読んでいます。

日曜日は基本的には休みます。ゴルフをしないので、仕事上の付き合いを週末にすることもありません。

しかし、融資先全体が打撃を受けた

コロナ対応など、地域のお客さまのためには、私は休日も関係なく働きます。シシンヨーは地域の中小零細企業を支えるための金融機関だからです。職員にはもちろん休みをとってもらいますが、私が先んじて動いておけばスピーディーに対応できます。

第三章

捨てる経営
――「継続・集中・徹底」のビジネスモデル

シンプルな経営こそベスト
キャピタルゲインを目的とした運用はしない

「預金を集めて融資する」

シシンヨーの経営はシンプルです。地域金融機関の本業である預金と融資に特化することが「王道」であり、当組合の生きる道です。

そして、何度も繰り返していますが、特に融資には力を入れて取り組んでいます。地方銀行が総合金融サービスを提供するなかで、当組合は身の丈にあった、融資に特化することがむしろ企業価値を高めると思っています。

「融資には先見性、洞察力、分析力、判断力、決断力、実行力が必要」

この六つの能力は、日々お客さまのもとを訪問することで身につきます。全役職員が顧客本位の営業に徹し、「お金を使っていただく」という認識をもって取り組めば、お客さまは必ず振り向いてくれます。

当組合では、融資を推進しなければ昇進ができないという企業風土もできあがっています。職員には「飛び込み営業が得意な融資のプロになれ」とよく声をかけています。

預金・融資に集中していれば、年々事業は拡大します。急に日経平均が大きく下がっても、当組合はキャピタルゲインを目的とした運用をしていないため、心配する必要がありません。

私が平成一七年に理事長に就任した際、過去一五年間をさかのぼって保有株式のパフォーマンスを調査しました。すると、バブル崩壊のあおりなどを受け、トータルでマイナスだったことが判明しました。そこで、政策保有株など一部の株を除いて、保有していた大半の株を売り払い、預金・融資の本業に徹することにしました。

当組合の令和四年三月末の預証率（預金残高に対する有価証券残高の比率）は八・二五％です（令和三年三月末は六・〇七％）。有価証券運用は利息・配当金の安定したインカムゲインを目的とした運用方針をとっており、保有株式はすべて配当収入、債券はすべて満期保有目的で所有しています。これが、収益の安定化につながっています。

シンプルな経営こそ、ベストなのです。

図表3　広島市信用組合の預貸率と預証率（令和4年3月末）

（%）

	広島市信用組合	信用組合平均	銀行平均
預貸率	87.63	56.45	62.09
預証率	8.25	23.58	26.31

※預貸率＝貸出金÷（預金積金＋譲渡性預金）×100
　預証率＝有価証券÷（預金積金＋譲渡性預金）×100
（出所）　平均：全国信用組合中央協会「全国信用組合主要勘定」、全国銀行協会「全国銀行財務諸表分析」より作成

投信や生命保険は扱わない

現在、ほとんどの金融機関は投資信託や生命保険などの販売を行っています。こうした商品は、目先の収益を確保できる一方、さまざまな外部要因でお客さまとトラブルになる可能性があります。また、本業以外のサービスを提供するとなると、多くの知識が必要になり、職員の業務負担が増大するとともに、管理コストも増加します。

「身の丈にあった」「シンプルな」経営を標榜する当組合では、投資信託や生命保険等の販売といった、本業以外の分野には手を出しません。

そうした金融商品を取り扱わない代わりに、毎日お客さまのもとを徹底して回り、お客さまとの関係を太く、強くしていきます。おかげさまで、コロナ禍の厳しい状況のなか、令和四年三月末の預貸率は八七・六三%でした（令和三年三月

図表4　広島市信用組合の大切にする3つのキーワード

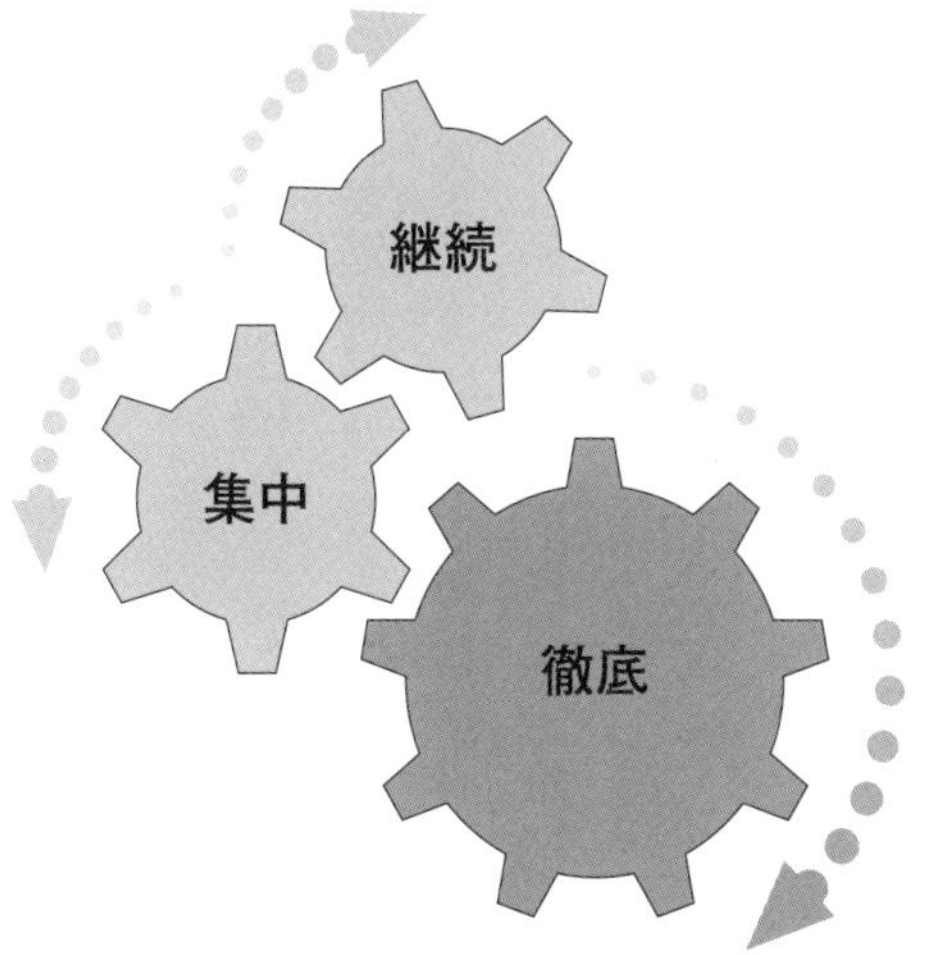

末は八六・四二％）。今後は、九〇％を目指しています。

当組合が存在するのは、お客さまのためです。すべての業務は、お客さま目線で考えなければなりません。「融資一筋」「融資ありき」の方針で、お客さまの目線に立ちながら自らリスクをとり、現場主義を貫くのが、シシンヨーです。

本来業務一本に「継続・集中・徹底」でいくことを明確にしたほうが、経営もシンプルでお客さまのために尽くすことができます。私は今後も「捨てる経営」に徹します。

本部決裁により不良債権を減らす

お客さまのニーズにスピーディーに応えるため、融資決裁のあり方も改革しました。審査の公平性を高めるため、平成一四年よりすべての事業性融資を本部決裁にしました。法人向けや個人事業主向け融資は、すべて本部が最終判断を下す体制に切り替え、支店長の決裁権限は、消費者ローンなどの個人向けに限定しています。

その大きな理由は、各営業店の支店長が判断に迷う案件に出くわした場合、ぎりぎりまで抱え込んでしまい、対応が遅れたり、損失が生じたりすることになりかねないからです。

営業店が本業に専念できる環境を整備し、持ち上がった融資案件は可能な限りすばやく段取りして本部にあげることを徹底しています。

そして、本部でも、スピード感をもって厳正な目で決裁を行います。一〇〇万円の案件であっても一〇〇万円の案件であってもすべて本部で判断するようにしてからは、不良債権が大きく減りました。

ただし、企業をみる目には自信をもっている私も、トップダウンで決めることはしません。融資がいびつになるからです。私が判断を誤ることもありえますから、「鶴の一声」のようなことにはならないよう気をつけています。

融資金額や金利、期間などは、支店長が稟議書として本部にあげます。支店長にきちんとした稟議書を本部にあげさせることは、一番の人材育成になります。融資先の情報が不足していたり、融資先にとって望ましい内容ではない、まだ踏み込みが足りないと判断した場合は、すぐに指示をして、本当にお客さまのためになっているか、考えさせます。人材は、当組合の宝です。融資のプロを育てることに、努力は惜しみません。

地域金融機関として地元に貢献

金融機関は今、その存在意義を問われています。お客さまのためにリスクをとることができるのか、スピーディーにお客さまのニーズに応えることができるのか、そして有事のときも変わらずに対応できるのか、といったことです。当組合は「一番頼りになるコミュニティ・バンク」であり続けることをかねてより目標にしてきました。私が理事長に就任してからこれまで、リーマン・ショックや東日本大震災など、さまざまなことが起こりました。それでも、本業一筋で取引先訪問を続け、融資を行ってきました。

図表5　広島市信用組合の方針

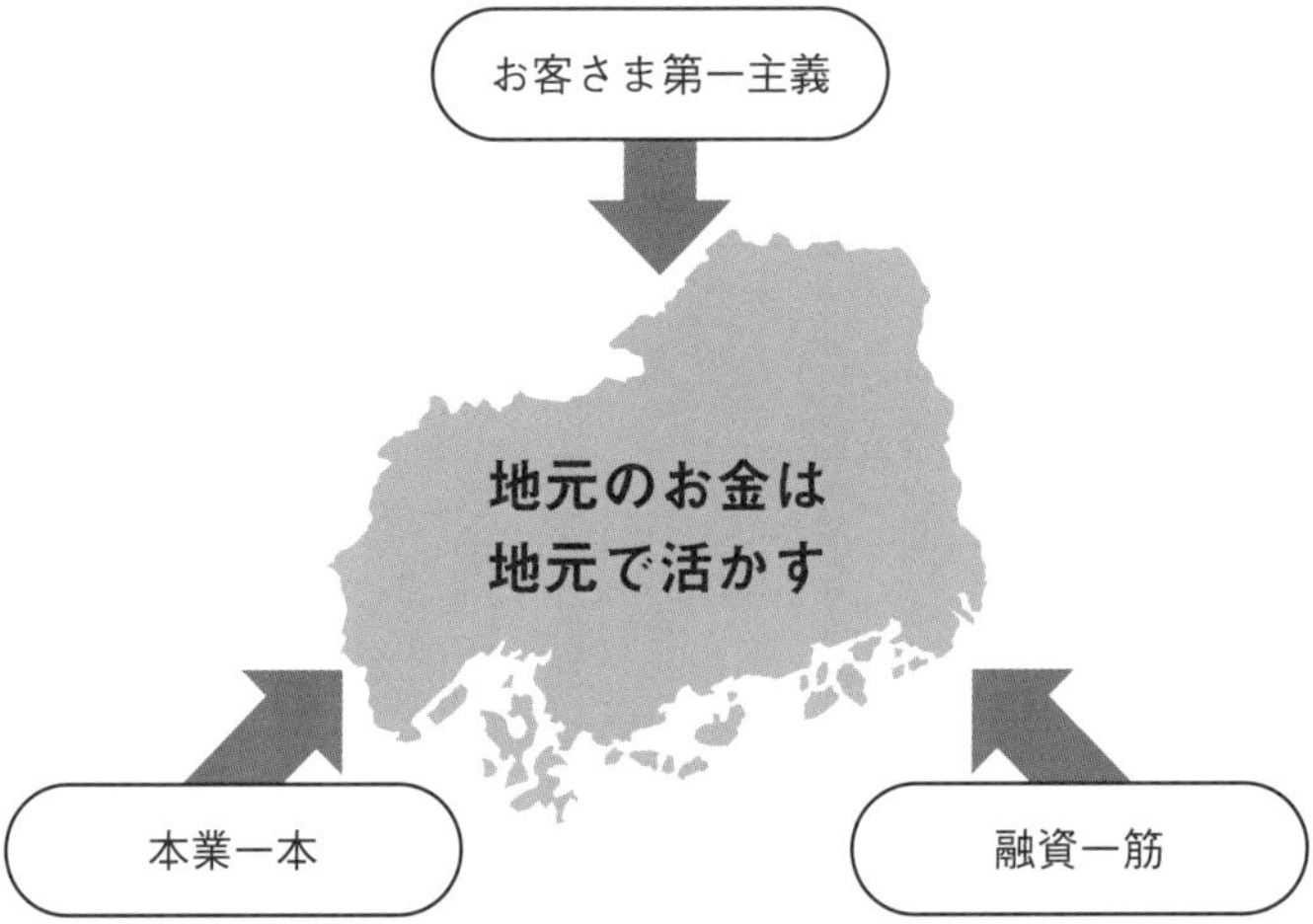

ですから、コロナ前も後も、当組合のやることは変わりません。「地元のお金は地元で活かす」をモットーに、「お客さま第一主義」「本業一本」「融資一筋」で業務に取り組みます。

バルクセールは究極の事業再生

管理部長時代の不良債権処理

健全経営のため、不良債権処理は徹底しています。これは、地域金融機関として絶対条件であるお客さまからの信用を高めるためでもあり、不良債権にかかる営業店の負担を取り除くためでもあります。

私は、営業店の支店長を任されていたときから、不良債権の多さに「これでは仕事にならない」と閉口していました。

たとえば、督促のためには内容証明郵便を出さなければなりません。資金繰りに関して、お客さまと交渉をする必要があります。改善計画も一緒につくらなければなりません。本来業務である預金・貸出に集中する時間がありませんでした。

審査部長、管理部長だったころは、バブル崩壊による金融危機と重なり、北海道拓殖銀行や日本長期信用銀行をはじめとする大手の金融機関の破綻も相次いだ時期でした。当組合の取引先でも倒産する企業がかなり出て、不良債権もどんどんふくらんでいました。

そのようななか、私は審査部長として融資審査を三日以内にするための体制整備に奔走しました。そして、平成一一年に管理部長となってからは、ほかの金融機関に先駆けて、徹底して不良債権処理を行いました。

返済の滞った融資先に対し、条件緩和を提案しながら、少しでも早く企業再生してもらうサポートを徹底的に行いました。

それでも延滞が続く場合には、担保不動産を競売にかけたり、残った不良債権をサービサー（債権回収会社）に一括売却することを行いました。とにかく、少しでも早く不良債権を処理しないと前に進むことができないと考えていました。

「支店が抱えている不良債権は隠さず、すべて出すように」

全支店に対して情報を包み隠さず開示するよう指示しました。経営陣はサービサーへの売却に難色を示していましたが、負の情報こそすべて把握し早く処理するべきだと考えました。

不良債権のオフバランス化

シシンヨーがバルクセールを行うようになったのは平成一三年からです。当組合は平成一三年二月に広島第一信用組合と合併しましたが、このとき不良債権比率は一七・二三％もありました。

「シシンヨーもそのうち破綻に追い込まれる。不良債権を切り離して処理しなければ、シシンヨーはやっていけない」

専務理事に就任した私は、強い危機感から、不良債権をオフバランス化するバルクセールに踏み切りました。

バルクセールとは、不良債権を投資ファンドやサービサーといった第三者に対して一括して売却することです。一般的には、単なる「切り捨て」というイメージが強いのではないでしょうか。

当組合内でも、当初は反対意見が強くありました。多くの議論を重ねましたが、私の見解はまったく変わりませんでした。お客さまの再生以前に、シシンヨーが再生できないかもしれないと思ったからです。

「人口はこれから減っていきます。土地の価格もあがりません。今、不良債権の処理ができなければ、シシンヨーがつぶれます」

それ以来、バルクセールは、累計三〇〇〇件以上実施していますが、一件もトラブルはありません。

バルクセールの仕組み

バルクセールへの先駆的な取組みは、各方面から注目されました。そして、バルクセールを実施してから二年、三年と経過すると、支店長たちもバルクセールに対して肯定的になりました。

図表6　バルクセールの仕組み（例）

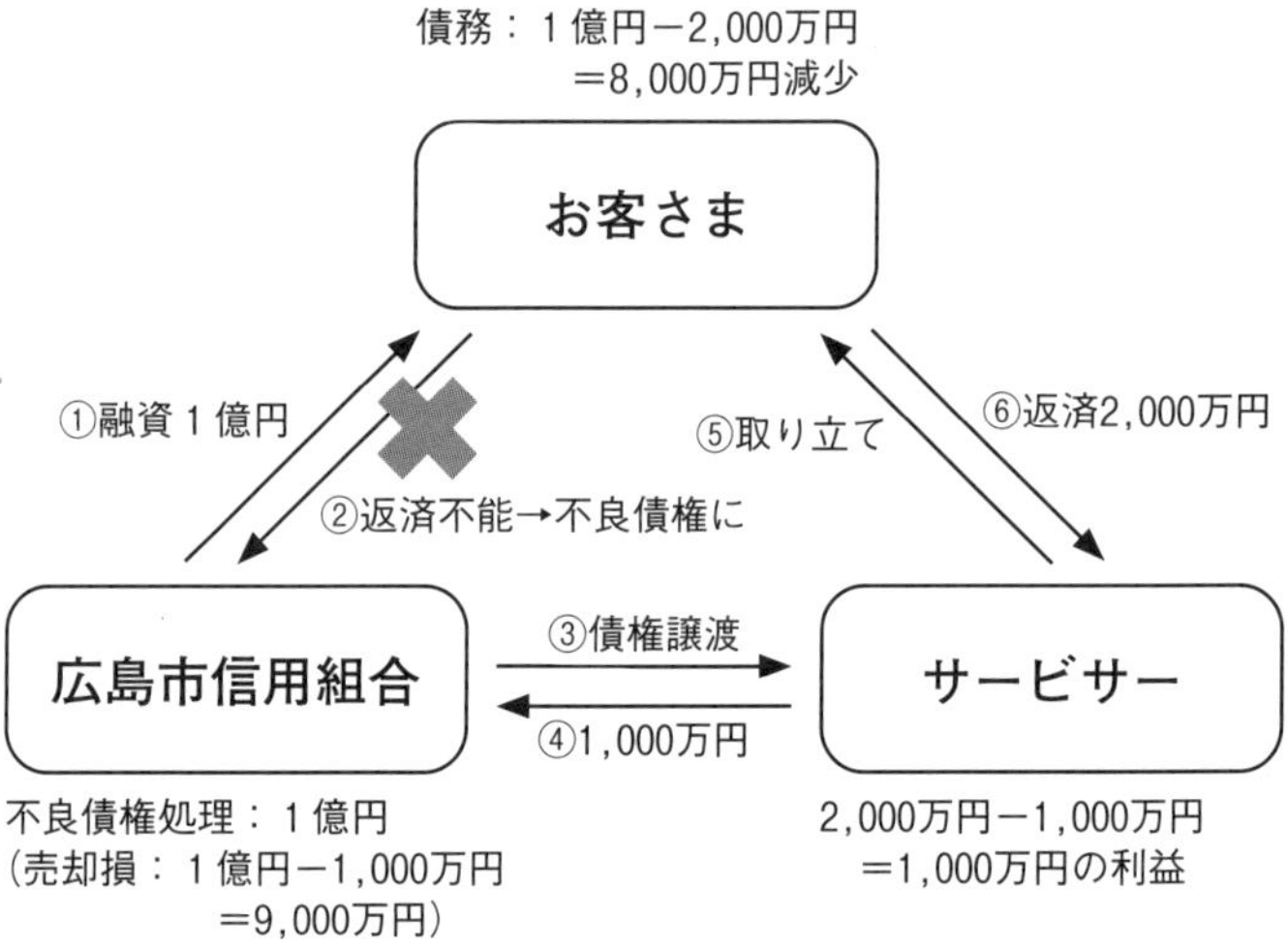

理由は簡単です。お客さまから「売ってくれてありがとう」と感謝されるからです。お客さまからいただいた感謝の手紙や直接のお礼は、何よりの自信につながります。

シシンヨーのバルクセールがどのようなものか、簡単に説明するために、たとえば、当組合が一億円の貸出債権をサービサーに売却すると仮定しましょう。

バルクを行うにあたり、サービサー五、六社に入札させ、一番高い会社に売却します。仮にサービサーがこの債権を一〇〇〇万円で購入したとします。

サービサーが債務者であるお客さまから回収するのが二〇〇〇万円だとした

ら、サービサーは一〇〇〇万円の利益をあげることができます。お客さまはサービサーのもとで再生に取り組む、あるいは他金融機関などから二〇〇〇万円を調達してサービサーに支払います。当組合との融資取引では一億円の借入れがありましたが、当組合がサービサーに債権を売却したことで、八〇〇〇万円の債務を削ることができました。当組合からの融資が相当額残っているままだと、売上げ状況から、利息はもちろん、元本も返済することができずに倒産してしまいます。債務が二〇〇〇万円までに減額できれば、元本・利息を払うことができ、事業も正常な状態に回復できます。

一方、当組合は債権を売却することにより、九〇〇〇万円の損失を出すことになりますが、バランスシートから不良債権を一億円減らすことができます。不良債権のまま保有していても、ファンディングコストがかかるばかりで、一円も収益は生みません。一億円の不良債権を処理できれば、別のお客さまの融資にその資金を使うことができます。

大きな視点でみれば、結果的にお客さまにとっても、当組合の経営にとってもメリットがあります。サービサー、お客さま（債務者）、当組合の三方よし、ウィン・ウィン・ウィンの関係が実現するバルクセールは「究極の事業再生」なのです。

トラブルは一切なし　感謝されるバルクセール

バルクセールは債権を一括売却するわけですから、一般的には、ネガティブなイメージがあります。融資先からの回収が見込めないから、関係を断って切り捨てるというイメージです。

しかし、シシンヨーのバルクセールは事業再生の一環で、出口戦略だと考えています。お客さま、当組合の双方にとって、不良債権を抱え続けていても、何もよいことはありません。次の段階へ道を切り開くための取組みなのです。

ですから、当組合の実施するバルクセールは、「お客さまの了解を得て行うこと」を前提としています。事業の再生方法やサービサー業務についても、理解・納得されるまで何度も足を運んで説明に伺います。実際に売却する内容についても必ずお客さまと交渉します。

たとえば、バルクセールでは、サービサーと担保解除、和解金を支払うなどの和解案に合意すれば、差額が債務免除となり、再生できるチャンスがあることも説明します。一方で、バルクセール後はお客さまとサービサーとの交渉になり、当組合は関与できないことを理解いただくことにも時間を割きます。

お客さまが「バルクセールはやりたくない」という判断なら、勝手に売却することはしません。これまでのバルクセールも、すべてお客さまの了承を得て売却しました。

したがって、苦情やトラブルはこれまでに一件もありません。むしろ、お礼をいわれるケースばかりなのが、当組合のバルクセールです。バルクセールの案件のうち、二割程度が事業再生に成功しています。

「バルクセールをしたおかげで、事業が再生できました」

「シシンヨーさんの申し送りがあったため、サービサーも協力的でした」

倒産を免れたり、事業再生に成功したお客さまから嬉しい声が届くことで、支店長たちも自信を深めるようになりました。

一方、お客さまのなかには、別の金融機関のバルクセールを経験している方もいて、やり方も対応もずいぶん異なるというお話も聞きます。十分な事前の告知がないケースや、サービサーの取り立てが厳しいケースもあるそうです。しかし、そうした回収スタイルだと再生する余地を失ってしまいます。

シシンヨーのバルクセールは、担保や保証が付いたままのケースもあります。再起が図れるよう、まだ余力がある早い段階で売却することも、地域とともに歩む策を考えたうえでの戦略です。「お客さまの事業再生のためのバルクセール」であるというところが肝なのです。

もう一点、シシンヨーの債権は、サービサーから高く買ってもらえることも特徴です。その理由は、購入してからの処理が非常にスムーズだからです。当組合の場合、お客さまに十分に説明を行い、了承をいただいてから売却していますので、サービサーともスピーディーに話が

（単位：百万円）

23年3月末	24年3月末	25年3月末	26年3月末	27年3月末	28年3月末	29年3月末	30年3月末	31年3月末	令和2年3月末	3年3月末	4年3月末
3,750	8,056	9,167	9,385	9,466	11,132	13,481	14,304	12,887	12,723	11,075	12,209
3,419（累計36,277）	2,510（累計38,787）	3,342（累計42,129）	4,764（累計46,894）	5,051（累計51,946）	4,065（累計56,011）	2,396（累計58,408）	4,234（累計62,642）	5,688（累計68,331）	4,466（累計72,798）	4,844（累計77,642）	3,229（累計80,872）
1.14%	2.17%	2.35%	2.29%	2.16%	2.40%	2.74%	2.70%	2.29%	2.17%	1.71%	1.73%
11.60%	11.00%	10.77%	10.78%	10.15%	10.11%	10.05%	10.09%	10.24%	10.34%	10.61%	10.07%
5,905	7,007	7,388	7,851	8,051	8,273	8,644	9,070	9,485	9,652	10,136	11,041

※過去最高実質業務純益（令和4年3月 11,041）

20期連続増益

まとまるようです。

強固な財務体質で不良債権比率が一％台に

バルクセールを継続して行っていくためには、強固な財務体質が必要です。

平成一四年三月末の実質業務純益は、一七億円程度しかありませんでしたが、令和四年三月末は一一〇億円を超えるところまで増加しています。この利益をお客さまの事業再生のいわば「元手」にしています。令和四年三月末、バルクセールは

図表７　不良債権比率等の推移

平成13年２月５日 広島第一信用組合と合併

	平成13年3月末	14年3月末	15年3月末	16年3月末	17年3月末	18年3月末	19年3月末	20年3月末	21年3月末	22年3月末
金融再生法開示債権	39,073	31,140	27,740	22,190	18,681	17,570	15,359	12,782	5,963	3,759
バルクセール金額	915（累計915）	3,750（累計4,665）	3,189（累計7,854）	3,418（累計11,272）	4,035（累計15,307）	3,128（累計18,435）	3,141（累計21,577）	3,832（累計25,409）	3,928（累計29,337）	3,519（累計32,857）
不良債権比率	17.23%	13.89%	12.42%	9.82%	8.01%	7.03%	5.72%	4.53%	2.01%	1.23%
自己資本比率	6.57%	7.15%	7.32%	8.07%	8.16%	8.74%	9.36%	9.67%	10.53%	11.30%
実質業務純益コア業務純益	1,773	1,651	1,675	2,248	2,966	3,524	4,235	4,547	4,972	5,400

（注）　部分直接償却は実施しておりません。

図表8　金融再生法開示債権等の保全・引当状況

(単位：百万円)

	年　度	債権額 (A)	担保・保証等 (B)	貸倒引当金 (C)	保全額 (D)＝(B)＋(C)	保全率(％) (D)／(A)	貸倒引当金引当率(％) (C)／(A−B)
破産更生債権およびこれらに準ずる債権	令和2年度	2,670	863	1,807	2,670	100.00	100.00
	令和3年度	2,186	795	1,391	2,186	100.00	100.00
危険債権	令和2年度	4,152	1,967	1,013	2,980	71.77	46.37
	令和3年度	6,125	2,546	3,555	6,101	99.61	99.34
要管理債権	令和2年度	4,253	894	1,016	1,910	44.91	30.26
	令和3年度	3,898	789	876	1,665	42.71	28.17
三月以上延滞債権	令和2年度	239	50	57	108	45.02	30.29
	令和3年度	59	49	13	62	104.25	123.39
貸出条件緩和債権	令和2年度	4,014	843	959	1,803	44.90	30.25
	令和3年度	3,839	740	863	1,603	41.75	27.83
不良債権計	令和2年度	11,075	3,723	3,837	7,560	68.26	52.19
	令和3年度	12,209	4,130	5,821	9,952	81.51	72.06
正常債権	令和2年度	637,935					
	令和3年度	693,263					
合　計	令和2年度	649,010					
	令和3年度	705,472					

※1　記載金額は単位未満を四捨五入して表示しております。

※2　令和2年度はバルクセール（債権売却）を4,844百万円実施し、令和3年度はバルクセール（債権売却）を3,229百万円実施しております。ただし、部分直接償却は実施しておりません。

※3　令和3年度の「危険債権」のうちには年金住宅融資関係の返済分24百万円が含まれ、正常に返済されております。

(注1)「破産更生債権およびこれらに準ずる債権」とは、破産手続開始、更生手続開始、再生手続開始の申立て等の事由により経営破綻に陥っている債務者に対する債権およびこれらに準ずる債権です。

(注2)「危険債権」とは、債務者が経営破綻の状態には至っていないが、財政状態および経営成績が悪化し、契約に従った債権の元本の回収および利息の受取りができない可能性の高い債権（1に掲げるものを除く）です。

(注3)「要管理債権」とは、「三月以上延滞債権」および「貸出条件緩和債権」に該当する貸出金（1および2に掲げるものを除く）です。

(注4)「三月以上延滞債権」とは、元本または利息の支払いが約定支払日の翌日から三月以上遅延している貸出金（1および2に掲げるものを除く）です。

(注5)「貸出条件緩和債権」とは、債務者の経営再建または支援を図ることを目的として、金利の減免、利息の支払猶予、元本の返済猶予、債権放棄その他の債務者に有利となる取決めを行った貸出金（1、2および4に掲げるものを除く）です。

(注6)「正常債権」とは、債務者の財政状態および経営成績に特に問題がない債権（1、2および3に掲げるものを除く）です。

(注7)「担保・保証等(B)」は、自己査定に基づいて計算した担保の処分可能見込額および保証による回収が可能と認められる額の合計額です。

(注8)「貸倒引当金(C)」は、「正常債権」に対する一般貸倒引当金を控除した貸倒引当金です。

(注9)「破産更生債権およびこれらに準ずる債権」「危険債権」「要管理債権」および「正常債権」が対象となる債権とは、貸借対照表の貸出金、「その他資産」中の未収利息および仮払金、債務保証見返の各勘定に計上されているものです。

(注10)　金額は決算後（償却後）の計数です。

三二億二九〇〇万円実施しています。

不良債権については、さまざまな見解があり、「不良債権比率が高いことは、それだけリスクをとっているということであり、地域貢献の証し」だという方もいます。「債権の売却は、お客さまに対して冷たい対応」という声もあります。

しかし、シシンヨーでは、不良債権が多いままでは融資を求める中小零細企業のために、タイムリーに資金を供給することができないと考え、地域の活性化のためにもまずは自らの不良債権比率を下げなければならないとの方針を貫いています。その結果、令和四年三月末の不良債権比率は一・七三％と、極めて低い水準です。

事務負担を軽減して融資に集中

バルクセールによる不良債権のオフバランス化は、お客さまの事業再生のきっかけとなるだけでなく、職員が本業に特化して取り組める環境づくりのためでもあります。不良債権という営業店の足かせをなくし、延滞先や回収不能先との交渉や対応など後ろ向きな仕事からできる限り早めに職員を解放する必要があります。それは「現場主義」徹底のベースとなり、「攻めの貸出戦略」を推し進めることにつながります。

なお、バルクセールを実施したお客さまについては、モラルハザードを防ぐ観点から、当組合は二度と融資は行いません。バルクセールは一回限りのルールなのです。

ただし、バルクセールを実施したお客さまの多くが、当組合の対応に感謝していただいているためか、事業が再生したあと、年金受取口座として指定してくださったり、定期預金を預け入れていただいたりといった「お返し」をしてくださいます。

《事例》　寝具販売業者の再生

バルクセールで事業再生に成功した事例として、寝具販売業を営む会社を紹介します。

この会社は、業況悪化に伴い、不動産購入資金などの多重債務によって、利息の支払いが困難となり、延滞が発生しました。

当組合では、未収利息の免除や金利引下げなどの条件変更をしましたが、他行への返済も厳しく、再び延滞が発生し、経営改善が困難となりました。

この寝具販売業の会社とサービサーの間を取り持ち、丁寧な説明を徹底することにより、バルクセールへの理解・了承を得ることができました。

結果的に、この寝具販売業の会社は、サービサーとの間で担保解除や和解金の支払いによる債務免除を成立させました。

バルクセールの実行後、この会社は、寝具販売に加えて、介護事業にも手を広げ、業況も順調に推移しました。世代交代も実現できました。シシンヨーとのコミュニケーションを通じて、事業を再生できたことをとても喜んでいただきました。

健全経営のためのリスク管理

引当率を一〇〇%に

健全経営を行うためには、不安要因には余裕をもって対応する必要があります。

当組合では、将来の不測の事態に備えて引当金の予防的繰り入れを実施しています。

破綻懸念先の未保全部分に対する貸倒引当金の引当率については、三年間の貸倒実績平均を採用していました。

しかし、破綻懸念先債権については今後、信用リスクが高まっていると判断し、引当率を令和三年中間期から一〇〇％に引き上げました。リスクをとって融資を継続するためです。

その結果、令和三年度の個別貸倒引当金の繰入額は三二億三〇〇〇万円となりました。貸出金償却などを合わせた与信費用は、四六億六二〇〇万円になりました。令和四年度以降も同様に続ける予定です。

このように、信用リスクが高まるかもしれないとの見込みに対して先手を打つことで、破綻懸念先の倒産やバルクセールで生じる損失、つまり「二次ロス」がなくなります。

小口融資の徹底

シシンヨーの取引の中心となるお客さまは中小零細企業であり、夫婦だけで営んでいたり、個人事業主の方も多くいます。

そのため、当組合では、一〇〇万円から一〇〇〇万円程度の小口融資が推進の中心です。融資金額の上限は、基本的に一〇億円までと決めており、二〇億円以上は卒業生と考えて融資は行いません。小口取引は手間がかかりますが、足を使うことを惜しみません。

この一見して非効率にみえる取組みが、成果を生むのです。

事業先の新規獲得によるメリットは、事業先に対する融資だけではありません。それを幹にして枝葉である個人顧客を獲得することができ、財形や給与振込、個人ローンなどのさまざまな商品・サービスの提供につながり、基盤の拡大が図れます。

バランス主義

リスク管理は、経営の根幹です。

バランス主義のもと、当組合では、一〇〇〇万円以下の小口の取引先が全体の五割以上を占めることを念頭に、大口、中口とのバランスをとっています。

また、資産の健全性を堅持するために、特定の業種、特定のグループに対して過度に与信が集中しないよう、適正な与信枠を個別に設定しています。収益があがるからといって与信ポートフォリオが特定の業種に偏ってはなりません。

また、ほかの金融機関と金利競争になることもあります。その融資案件が、当組合にとってプラスなのかマイナスなのか、しっかり判断することが大切です。

図表９　資金使途別の貸出金構成

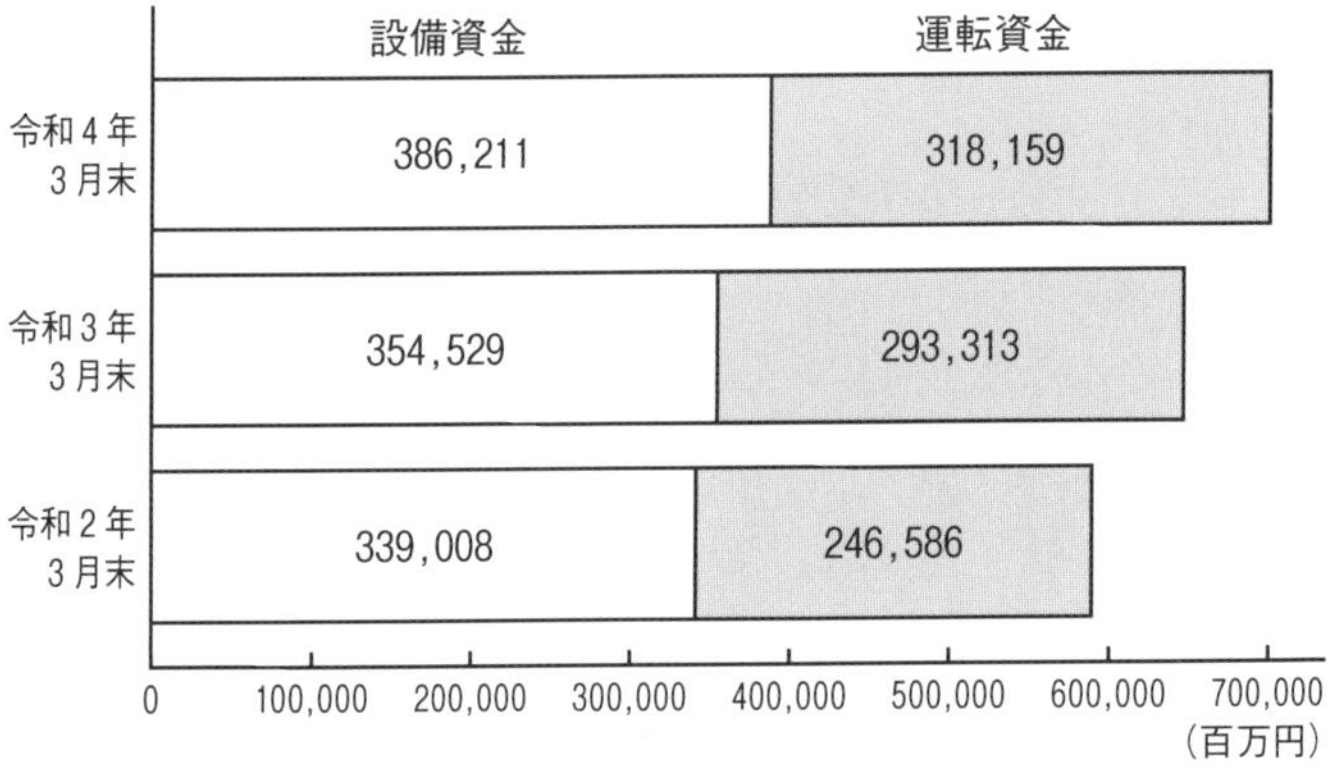

図表10　業種別の貸出金構成

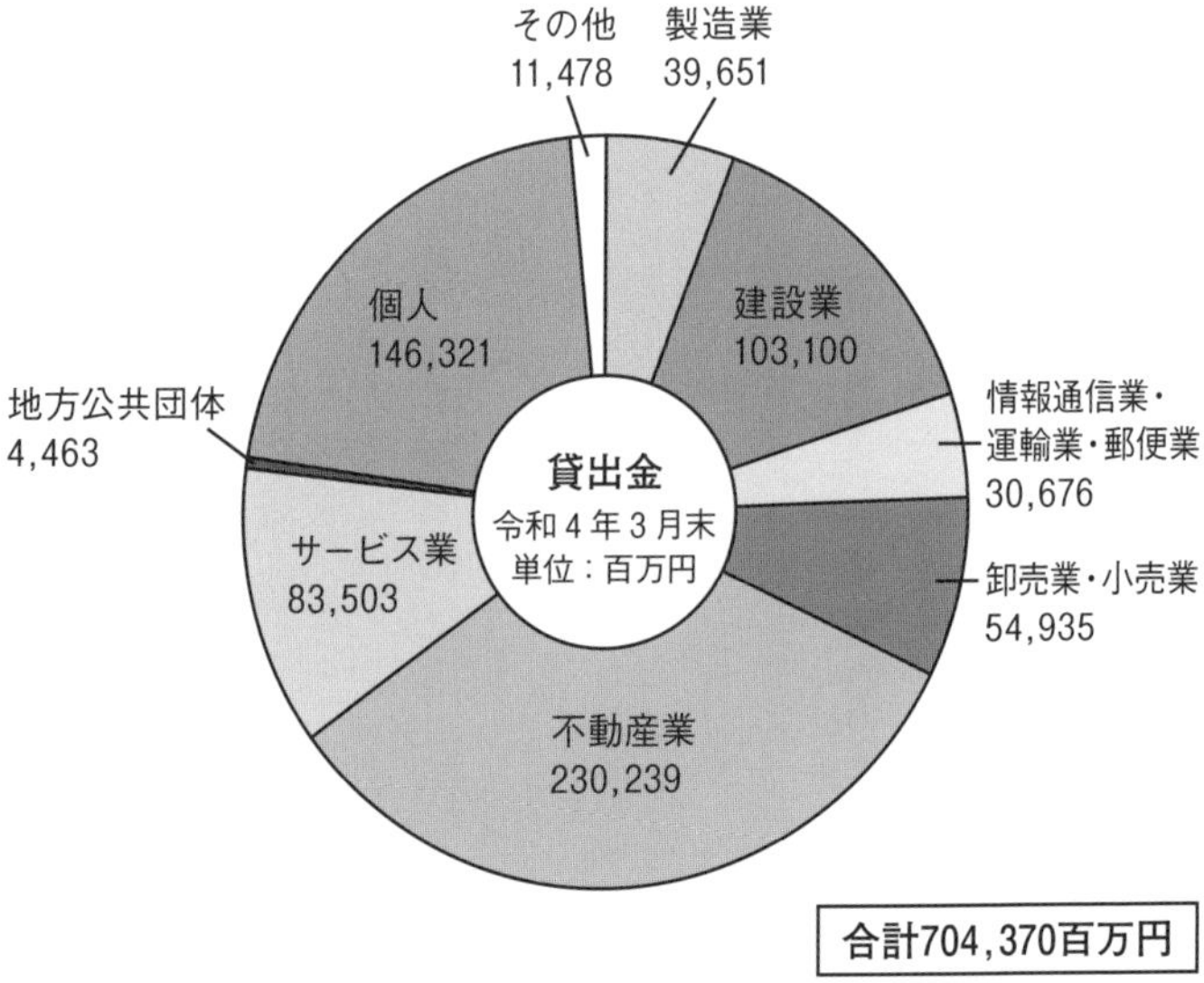

住宅ローンのＦＳ（フィールドセールス）

選抜メンバーが周辺地域をローラー

本業に特化したビジネスモデルを貫いている当組合では、住宅ローンは個人ローンの柱となる商品です。

住宅ローンを徹底的に推進することで、給与振込や公共料金支払い、ボーナス預金獲得等の派生取引につながります。個人のお客さまのメイン化が図れるのです。

住宅ローンのＦＳ（フィールドセールス）は、私がシンヨーで取り組んできたさまざまなアイデアのうちの一つです。平成一六年五月に開始されたこの制度は、融資能力の向上を図るＯＪＴの一環としてスタートしました。

月に一回程度、対象となる支店を決めて、金曜日と休日の土曜日、計二日間にわたって、周辺の住宅を、集中的に訪問して提案セールスを行います。ＦＳは、当該店舗の担当者が行うのではなく、毎回、全店から支店長以下、一般職員まで一二名程度を選抜します。担当地区は当日くじ引きで決定し、一人が二日間で二〇〇～三〇〇世帯を集中的にローラー訪問し、「フェイス・トゥ・フェイス」と「フットワーク」で営業を実践しています。もちろん門前払いされることもありますが、積極的なお客さま訪問は、まさしく営業の基本。現場で得られる経験に勝るものはありません。

ＦＳは、ＯＪＴ効果だけでなく、融資開拓の実績向上におおいに貢献しています。ＦＳの面談率は四割と高く、再交渉合意も含めると、一回当たり平均三〇～四〇件（四億～六億円）の成果をあげています。

二日間は全員がライバルです。当然、ほかの人の成果が気になりますし、実績を残せば昇進のチャンスになります。実際、これまでＦＳの成果によって支店長に抜擢された人もいます。

ＦＳスケジュールの中身

当組合で取り組んでいる住宅ローンのＦＳ（写真）が具体的にどのようなものか、簡単にご紹介します。

午前八時過ぎに、選抜された支店長以下のメンバーが支店に集合します。朝礼で私が訓示したあと、くじ引きで担当地域を決定します。そして、支給された栄養ドリンクを飲み

干し、八時五〇分に出発して、九時にローラー訪問を開始します。

営業先では、呼び鈴を押し、粗品を渡して、リフォームや借換え需要を探っていきます。売り込むのは住宅ローンをはじめ、身近な商品が中心です。事前にチラシを配布しておき、商品の説明やローン相談などに応じます。お客さまが不在の場合は、ローン相談会のチラシを投函します。

午後の訪問は一二時五〇分から一六時三〇分です。一人平均五〇軒以上面談し、初日は一七時四〇分に切り上げ、翌日に備えて帰途につきます。

最終日の二日目は、朝礼で一人ずつ獲得目標を表明し、初日と同じようにスタートします。

融資提案には、「手づくりデモブック」を使用する決まりがあります。ファイルを開くと、家族写真入りの自己紹介文、パソコン作成資料、色鉛筆で彩色した商品パンフなどが目を引きます。

二日間の締めは、一六時半より反省会を開きます。労をねぎらいながら、それぞれの成果の確認をします。金曜日の朝礼と土曜日の反省会には、特別の用件がない限り、私も参加します。

住宅ローンFSを定期的に行いながら、該当店舗の店頭も「住宅ローンなんでも相談会」を開催して窓口を開け、フォローしています（写真）。

テリトリーを決めて動けば、ローンの相談だけでなく、年金や給与振込サービスなど、ほかのニーズに関する情報も入ってきます。平日なかなかお目にかかれないお客さまにお会いできることもあります。

また、FSは融資における情報収集にも効果的です。借換え案件を中心に毎回成約があります。取引の糸口を探すことは、職員の成長にもつながります。

こうして住宅ローンFSを通して入手した情報は、該当店舗に引き継がれ、情報の共

図表11　住宅ローンの取組み

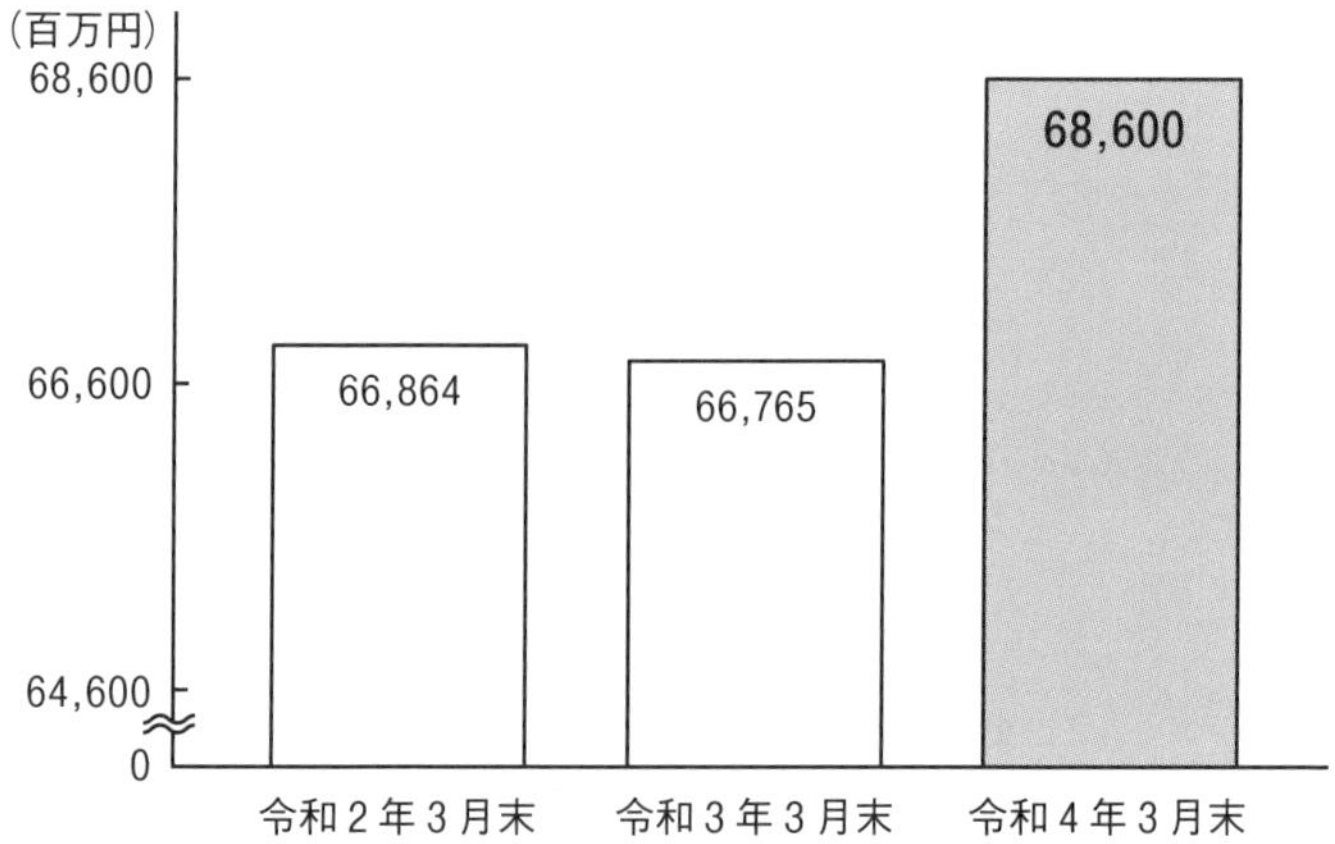

有・管理により顧客開拓の大切なツールとなっています。

令和四年三月末の住宅ローンの取扱い残高は六八六億円となり、地域の多くの方にご利用いただいています。

懸賞金付き定期預金「ハッピードリーム定期」

懸賞金付き定期預金の取組みは信組初

当組合は、地域金融機関の本業である預金と融資に特化すると明言しています。融資についてはすでに紹介していますが、預金につ

いても説明します。

当組合の令和四年三月末の預金残高は八〇二七億円です。これは、コツコツ足で稼ぐ現場主義を継続・集中・徹底しているからこそ実現できる数字です。

預金のなかでも、特に人気が高く、新聞等のメディアでも話題になるのが、平成二〇年六月から展開している、最高一〇〇万円が当たる懸賞金付き定期預金「ハッピードリーム定期」です。

最高一〇〇万円の大型の懸賞金を付けた定期預金は、全国では東京の城南信用金庫、兵庫の尼崎信用金庫などいくつかの信用金庫で先例がみられましたが、広島県下の金融機関では初めての取扱いで、信用組合業界においても全国初の取扱いでした。

初回の募集総額は二〇〇億円、懸賞金総額は四〇〇〇万円でした。懸賞金総額は募集する預金二〇〇億円の〇・二％に相当しますが、取扱い当時は五期連続増収増益の見通しがありました。堅調な業績の利益還元として、また個人預金を増強するための一環として、企画したものです。

地元紙やラジオ、経済レポート等で周知された結果、応募が殺到し、募集総額は二〇〇億円でしたが、さらに五〇億円追加し、最終的な総額は二五〇億円になりました。「ハッピードリーム定期」は、現在も毎年六～九月と一一～一月に増強運動を行っており、大変好調に推移しています。応募総額も懸賞金総額も、段階を経てパワーアップしています。令和四年六月には二九回目の募集をしましたが、応募総額は一五〇〇億円、懸賞金総額は一億三一一〇万円です。一口二〇万円で懸賞金抽せん権が一本となります。当せん本数は三七万六五〇〇本ですから、当せん確率は実に五〇％を超えることになります。

懸賞金付き定期は、今後も多くのお客さまに楽しんでいただけるよう取り組んでいきたいと考えています。

ＪＣＲから格付Ａランク継続取得

信用格付とは

シシンヨーは、平成一九年から、日本格付研究所（ＪＣＲ）から「長期発行体格付」を毎年取得しています。

信用格付とは、法人の債務履行能力、または個別債務（社債、ローン、ＣＰなど）の履行確実性を等級で表示したものです。信用格付は、格付会社が公正な第三者として表明する評価意見で、格付会社が独自に定める格付記号によって表現されます。

ＪＣＲが評価する「長期発行体格付」については、「債務者（発行体）の債務全体を包括的に捉え、その債務履行能力を比較できるように等級をもって示すもの」とされています。「トリプルＡ」から「Ｄ」までの一一段階となっており、「ダブルＡ」から「シングルＢ」までの格付記号には、同一等級内での相対的位置を示すものとして、「プラス」もしくは「マイナス」の符号による区分があります。

また、「格付の見通し」は、「発行体格付または保険金支払能力格付が付与のあと一～二年の間にどの方向に動き得るかを示すもの」です。「ポジティブ」「安定的」「ネガティブ」「不確定」「方向性複数」の五つからなります。今後格上げの方向で見直される可能性が高ければ「ポジティブ」、今後格下げの方向で見直される可能性が高ければ「ネガティブ」、当面変更の可能性が低ければ「安定的」となります。見通しが「不確定」「方向性複数」となるのはごくまれです。

シシンヨーの格付の推移

当組合の格付については、令和四年では八年連続「シングルAフラット」を取得しています。「シングルAフラット」とは一一段階の上から三番目に当たります。また、見通しは「ポジティブ」と評価されています。

初めて格付を取得した平成一九年のときの評価は、「トリプルBプラス」。見通しは「ポジティブ」でした。当組合の不良債権比率の低下傾向が続いている点や、有価証券残高が少なく、市場混乱の影響が限定的な点、貸出金利回りが三%を超える高い水準で推移している点などが評価されました。

その後、平成二一年には、「シングルAマイナス」、見通しは「安定的」の格付を取得し

図表12　広島市信用組合の格付

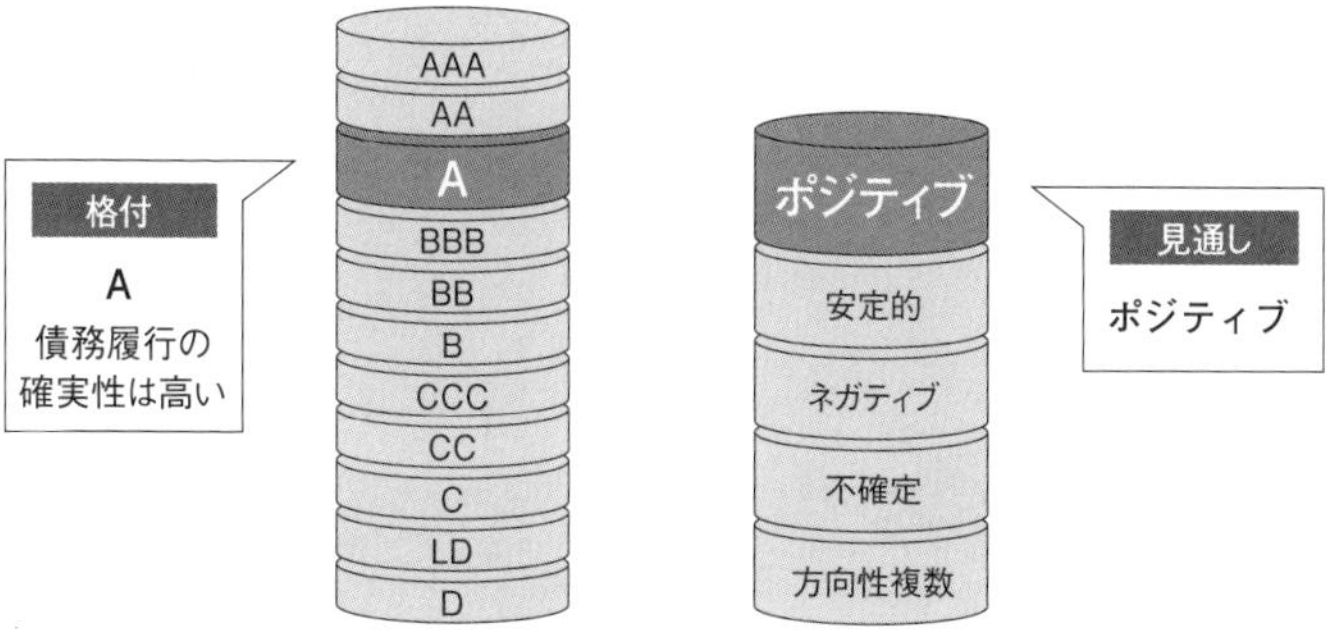

図表13　格付の推移

平成19年 3月末	平成20年 3月末	平成21年 3月末	平成22年 3月末	平成23年 3月末	平成24年 3月末	平成25年 3月末	平成26年 3月末
BBB＋ ポジティブ	BBB＋ ポジティブ	A－ 安定的	A－ 安定的	A－ 安定的	A－ ポジティブ	A－ ポジティブ	A－ ポジティブ
平成27年 3月末	平成28年 3月末	平成29年 3月末	平成30年 3月末	平成31年 3月末	令和2年 3月末	令和3年 3月末	令和4年 3月末
A 安定的	A 安定的	A 安定的	A 安定的	A 安定的	A 安定的	A ポジティブ	A ポジティブ

ました。これは従来の「トリプルBプラス」からの格上げです。

平成二四年に見通しが「ポジティブ」に、平成二七年には格付が「シングルAフラット」に上方修正されました。そして、令和三年に、見通しが「安定的」から「ポジティブ」に引き上げられました。

格付取得の目的

シシンヨーが格付取得を目指したのは、外部からの客観的な評価をお客さまや組合員の皆さまにディスクローズすることで、透明性をもった経営を進め、財務内容の健全性をより理解していただき、信頼性を高めるためでした。

令和四年一二月現在、ほかの信用組合で格付を取得・公表した事例はまだ出ていません。

協同組織金融機関である信用組合は、上場する地方銀行などとは事業のあり方が異なるため、信組内からは、「出資者を対象にした情報開示に取り組んでおけば大丈夫だ」との意見もありました。

しかし、平成一六年に米英格付会社であるフィッチ・レーティングスが、信用金庫を対象にした「財務力格付」を公表しました。これをきっかけに、当組合は、格付取得に動くことを決意しました。

信用組合初の格付の取得は、信頼性の観点から、お客さまに対して大きなインパクトになりました。ペイオフ凍結解除後、預金先の選定に神経をとがらす地方公共団体や社団法人・財団法人との取引にも有利に働きました。

令和四年の当組合の格付では、経営資源を預貸業務へ集中させスピーディーに融資可否の判断を行えること、コア業務純益が長期にわたって増益が続いており、一〇〇億円超の規模となっていること、与信先の小口分散を徹底していることなどがポイントとしてあげられています。また、営業活動の強化、コロナ関連融資への積極的な取組みなどで、貸出金残高が持続的に増加したことも評価されています。

この評価を自信とし、本業をさらに磨いていきます。

コラム

地域社会への貢献

給付型奨学金「シシンヨーはばたき奨学金」

当組合では、地域貢献活動の一環として、返還不要の給付型奨学金制度「シシンヨーはばたき奨学金」を平成二九年に創設しています。

この奨学金は、将来の広島の発展のために活躍する人材の育成を目的として設けた制度で、当組合の営業区域内である広島県に住んでいる母子家庭・父子家庭の高校生を対象としています。

毎年、五月から月一回、一万円を一年間給付していますが、令和四年度は五〇名を募集しました。すでに利用されている方からの継続申込みやご紹介、ご親戚からの問い合わせもあり、年々この奨学金制度の認知が進んでいると感じています。

　これから長い人生を歩む若い世代が、お金がないという理由で学ぶことをあきらめないよう、この奨学金制度が一助となればと考えています。

産学連携の取組み

　大学との産学連携も進めています。当組合は、平成二一年に、広島修道大学、広島経済大学と産学連携に関する協定を結びました。私が講師となり、大学で年数回、講義をする機会をいただいています。リクルート目的ではなく、私がこれまでに得たことを、一人でも多くの若者に伝えたいという思いから行っているものです。

　企業体験として、毎年、インターンシップの学生も受け入れています。本部での研修に加えて、営業店では現場実習も体験してもらいます。朝礼や接客の実務、渉外担当者との同行訪問

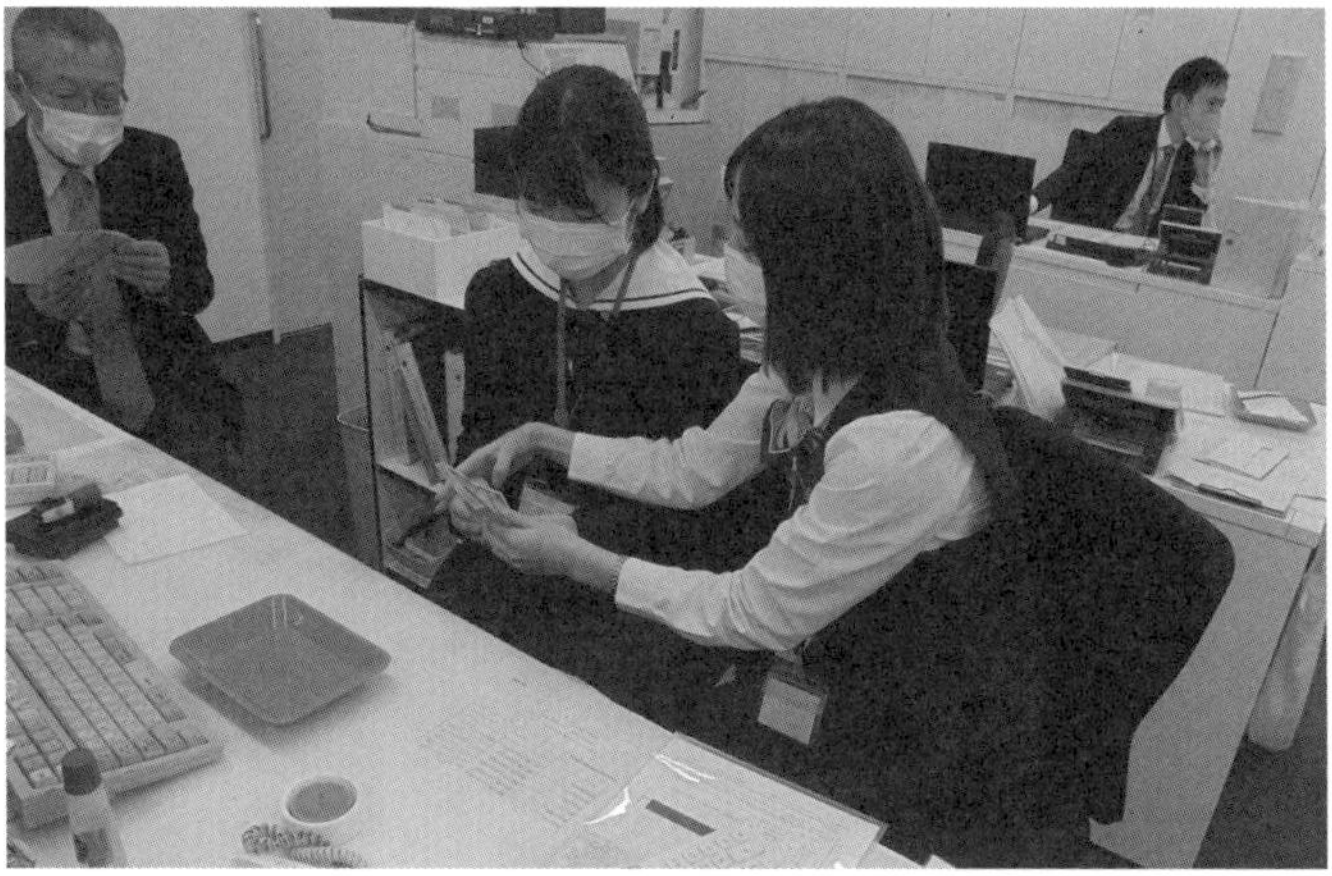

などを体験し、営業店で働く職員の生の声を聞けることは大きな刺激となるようで、「自分がどのような道に進むべきか、今後の方向性を決めるにあたって大きな判断材料になった」と嬉しい声をもらっています。

中学生と高校生を対象とした職場体験学習にも毎年協力しており、お札の数え方や、入出金等の端末オペレーションなどの業務を体験してもらっています（写真）。実際の職場で「お金」に触れる業務を体験することで視野を広げ、将来の進路選択に役立ててもらえればと考えています。

当組合は、今後も継続して、地域の未来を担う人材の育成に力を入れ、支援を継続していきます。

SDGs宣言

当組合は、金融業務にとどまらず、さまざまなかたちで地域社会の発展に貢献していると自負しています。

令和三年九月には「SDGs宣言」を策定し、当組合のホームページ等で公表しました。SDGs（Sustainable Development Goals）とは、平成二七年九月の国連サミットで加盟国の全会一致で採択された「持続可能な開発のための2030アジェンダ」に記載された、二〇三〇（令和一二）年までに持続可能でよりよい世界を目指す国際目標です。SDGsの趣旨は当組合の経営理念と相通じるものであり、当組合では「地域経済活性化への取組み」「地域社会への貢献活動」「地域環境保全に向けた取組み」「人材育成への取組み」の四つのグループに整理して取組みを進めています。「シシンヨーはばたき奨学金」の給付や産学連携の取組みなどは「地域社会への貢献活動」であり、それに加えて、献血運動や地域の清掃活動、各種団体への寄付金贈呈、地域のイベントやお祭りに参加・協力するなど、さまざまな取組みを行っています。

SDGs宣言に基づき、相互扶助の精神のもと、職員全員が一丸となって、地域社会の発展ならびに持続可能な社会の実現に向けて努めていきます。

第四章

人材の活用——職員は財産

職員のモチベーションを高める

働きたいと思える職場に

令和四年卒業の大学・大学院生を対象に実施した就職企業人気ランキングにおいて、シシンヨーは中国・四国ブロックの上位（二三位）にランクインしました。金融機関ではひろぎんホールディングス、中国銀行、広島信用金庫に次ぎ四位です。全国の地域別ランキングでも、信組としてはシシンヨーが唯一、ランキング入りしました。

就活生の応募も増加しており、令和二年は男性二四名、女性一七名の計四一名、令和三年は男性一二名、女性六名の計一八名、令和四年は男性二六名、女性一六名の計四二名を採用することができました。就活生からの人気が高まった背景には、さまざまな要因があると思いますが、好調な業績を継続していることも理由の一つでしょう。

当組合は、令和四年三月末現在、一九期連続増収を実現していますが、これをお客さまだけでなく、ともに働く職員にも還元しています。働きやすい職場にすべく常に改革を行い、優秀な人材の確保に努めています。

給与を見直したり、積極的に女性の登用を進めたりしているシシンヨーの取組みは話題となり、新聞をはじめとするたくさんのメディアでも取り上げられています。

人材育成の面でも、職員がやりがいをもって仕事に取り組めるように、多様な研修やOJTを実施し、公的資格を取得した職員に対して援助金を支給しています。職員一人ひとりがビジョンを描いて仕事ができるよう、支援は惜しみません。ハード面における環境の整備にも気を配り、休憩室や更衣室なども新しくしています。

シシンヨーの業績は、当組合で働くすべての職員のがんばりがあってこそ実現できるものです。職員は、当組合のかけがえのない財産です。職員が仕事をやりやすくすること、つまり「職員目線」の取組みを進めることも経営者として大切なことだと考えています。

上の立場の人間が行動で示す

経営者として常に課題にしているのは、将来のシシンヨーを見据えた職場づくりと人材育成です。

人材育成で目指しているのは、「お客さまにとって頼りになる存在になること」です。

ですから、仕事をする以前の基本中の基本である「礼儀作法」を徹底しています。お客さまは、貴重な時間を割いて来店されます。猛暑のなかだったり、北風が吹きすさぶなかだったり、雨脚が強いなかだったり、天候の良しあしに関係なく来てくださいます。担当者がお客さまを訪問する際も、仕事の手を止めてご対応くださっています。あいさつなどの礼儀作法や、接客マナーがしっかりできていなければ、お客さまは心を開いて相談してくださるはずがありません。

店内美化にも気を配ります。たとえ自分が散らかしたり汚したりしていなくても、お客さまに心地よい空間を提供するために自ら率先して動くように伝えています。

人材育成のアプローチにはさまざまな手法があるとは思いますが、私は、ただいって聞かせるのではなく、上の立場の人間が見本となるよう行動で示すことが大切だと考えています。そのため、支店長や役席は部下へ、先輩は後輩へ指導を行うとともに、自ら行動して指針を示す必要があると伝えています。

若手が立ち止まったときは、先輩が道を示します。若手に困っていることがあれば、すぐに相談に乗り、指示を迅速に下し、行動に移すよう促します。一人で悩むことはありません。

問題の解決を先送りしない

何か問題が起こると、「これは自分の仕事ではないから、関係ない」などと逃げようとする人は少なくありません。当組合ではそういったことが起こるのはまれですが、私は、「営業店に問題が起こったときに、本部・営業店間で問題をたらい回しにするな」ということを全役職員に徹底しています。

ミスやトラブルをゼロにすることはできませんが、金曜日にトラブルが起こったらその日のうちに決着させなければなりません。翌週の月曜日になってもまだ「どうしようか」と腕組みをして考えていたら、解決できるものもできなくなります。ご迷惑をおかけしたお客さまもお怒りになるでしょう。だから私は、職員がトラブルの解決を先送りにしたり、隠したりした場合には、厳しく叱ります。

「よい話はあとでもかまわないが、悪い話ほど早く報告するように」と職員には厳命しています。それを徹底すれば、いち早く次の一手を打つことができます。トラブルの余波も最小限に抑えられるでしょう。

透明性の高い経営、顔のみえる経営

本部に必要なのは「営業店目線」

ＩＴの発展やＡＴＭの利用などにより、金融機関業務における膨大な作業は軽減されつつあります。

しかし、お客さまの大切なお金をお預かりし、お客さまの困りごとに寄り添うという大事な責務の前には、自分たちの効率だけを優先するようなことがあってはなりません。いかにスピーディーに、かつお客さまが満足する対応ができるかどうかが問われています。

本部の役割は、営業店をサポートすることです。権威を振りかざして、営業店に命令を出すことが仕事ではありません。本部で必要なのは「営業店目線」です。私は、支店長を経験したあとに、四八歳で本部の審査部長となり、その後、管理部長、営業推進部長を務めました。営業店が何を望んでいるか、よくわかっています。

「融資が伸びない」といっている金融機関は多くありますが、それは本部が「あれをやれ」「これをやれ」と厳しいこと、難しいことをいうからです。本部の職員が、役員の顔色をみて仕事をしていると、お客さまから信頼を得ることはできません。軸のぶれた方針を出したり、意味もなく分厚い報告を求めたりするから、現場から不平・不満が出るのです。当組合では、現場を知らずにただ威張っている本部の職員には厳しい指導をします。場合によっては、人事異動もためらいません。営業店の支店長、職員が仕事をしやすいようにするのが、本部の役割だからです。

すでにお話ししたように、支店長には、法人向けなどの事業性融資の決裁権限はありません。だからこそ、支店長以下営業店での徹底した現場主義によって獲得した案件は、本部ですばやく協議します。

「自分を犠牲にしてでも稟議を早く決裁すること」

「本部は、営業店の二倍、三倍働くこと」

私は、よくこのように役員会議で話をします。経営者や役員は、これまでの経験や知見を活かし、営業店の職員一人ひとりが仕事をしやすくすることを心掛けるべきです。早朝の役員会議もその一環です。

本部には営業店の目線に立ち、営業店と密接に連携することが求められます。営業店が抱える課題や要望にすばやく対応し、解決に導くための援護をすることが本部の役割です。

情報共有で迅速な対応を実現

当組合の大切にするスピードを実現するためには、情報共有が欠かせません。当組合では支店長は本部に毎日日誌をあげることになっていますので、私を含めた役員はすべての支店の情報を把握しています。一方、本部の方針や意向もすぐに指示が伝達されるので、営業店では待たされることなく業務にあたることができます。

職員の意見を施策に反映するために、「提案制度」も設けています。また、「全員が経営に参画して意見を出し合うことが課題解決の近道」と考え、常勤理事会の参加者を、役員でない部長や支店長にも広げています。

問題があれば、すぐに解決に向けて取り組みます。組織内に派閥をつくることは許しません。そのような役員は不適格ですから、即座に辞めてもらいます。

こうした透明性の高い経営は、社外に対してのディスクローズにおいても同様です。私は数字が好きで、毎日報告される数字の推移を常に頭に入れています。ごまかしや嘘は通用しません。

取材などにすぐに応じられるのも、情報がすべて当組合内で共有できているからです。

コンプライアンスの徹底

当たり前のことを当たり前にやる組織に

コンプライアンスは、すべての基本です。

「預貸中心の業務を継続・集中・徹底している」

「預貸率九〇％を目指している」

こうした言葉だけをみると、営業偏重の企業風土をもつ信組と誤解する方もいるかもしれませんが、当組合はコンプライアンスを最も重要だと考えており、その態勢強化に努めています。

金融機関は、お客さまから命の次に大切なお金と、それに関わる情報をお預かりして業務を営んでいます。その社会的責任から、法令・社会的規範の遵守に最も厳正であることが求められます。信頼を積み重ねていくには大変な努力が必要になりますが、失うのは一瞬です。たった一つのコンプライアンス違反で、組織の屋台骨が揺らぐこともあります。

一人ひとりが襟を正し、何事においてもコンプライアンスに則り、正々堂々取り組むことが重要です。

「基本に忠実に、当たり前のことを当たり前にしていく」やるべきなのは、ごく当たり前のことです。「嘘をつかない」「常識で悪いとわかることをしない」「善悪の判断ができる」「悪い情報ほど正確に報告する」「公私混同しない」など、誰でも知っていることでありますが、繰り返し言い聞かせ、徹底・継続するよう戒めています。

金融機関の職員は、お客さまのもとを日々訪問し、お金のやりとりを行っています。だからこそ、お客さまのお金に手を付けることは絶対にしてはなりません。

支店長会議でも、毎回業績より先にコンプライアンスを強調します。職員に対しても、コンプライアンスの重要性とともにお金に困るようなことがあれば相談するよう伝え、相談があれば必ず乗ります。

「コンプライアンスを重視した経営」こそが、ご利用いただいているお客さまの信頼・期待に応えることにつながります。役員を先頭に、すべての職員がコンプライアンスの徹底に真剣に取り組んでいます。

職員待遇の改善

初任給は一〇年で四万二〇〇〇円アップ

職員の待遇面の向上も進めています。平成二四年度から一〇年間、初任給や基本給、手当の引き上げを毎年実施してきました。それによりシシンヨーで働きたいという人がさらに増え、優秀な人材が活躍して業績を一層伸ばし、その増収分をまた待遇改善につなげる、という好循環が生まれています。

平成二四年度の四大卒の初任給は一八万三〇〇〇円でしたが、令和四年度では二二万五〇〇〇円となっています。この一〇年間で、実に四万二〇〇〇円アップしたことになります。広島県内においては、この金額は大手企業にも劣らない、かなり高額な初任給であるという自負があります。

渉外担当への外勤手当も、一万円アップして三万円となってい

図表14　広島市信用組合の初任給の推移

（円）

学　歴	平成24年４月	令和３年10月	ベースアップ
四大卒	183,000	225,000	42,000
短大卒	148,000	195,000	47,000
高校卒	140,000	185,000	45,000

※そのほか、基本給への振替え、各種手当の引き上げも実施。

ます。係長、課長、支店長などの役付手当や全職員の資格手当についても増やしています。また、食事手当や資格手当などの各種手当を退職金のベースとなる基本給に振り替えており、それにより、退職金は一人当たり約六三〇万円の増加となります。

一連の取組みの結果、採用の応募は増加しており、優秀な人材を確保できています。

若手の積極登用

優秀な人材を最前線のポジションへ

やりがいをもって働ける職場にするためには、ときには慣例にとらわれない決断が必要です。

若手を重要なポジションに配置することもその一例です。これまでも、新入職員を本部の総合企画部や人事部に配置することはありましたが、令和三年には新入職員の一名を管理部に配属しました。

管理部は、不良債権処理、バルクセールなどを担う部署です。各営業店を回りながら延

図表15　広島市信用組合における支店長・役職者の年齢構成

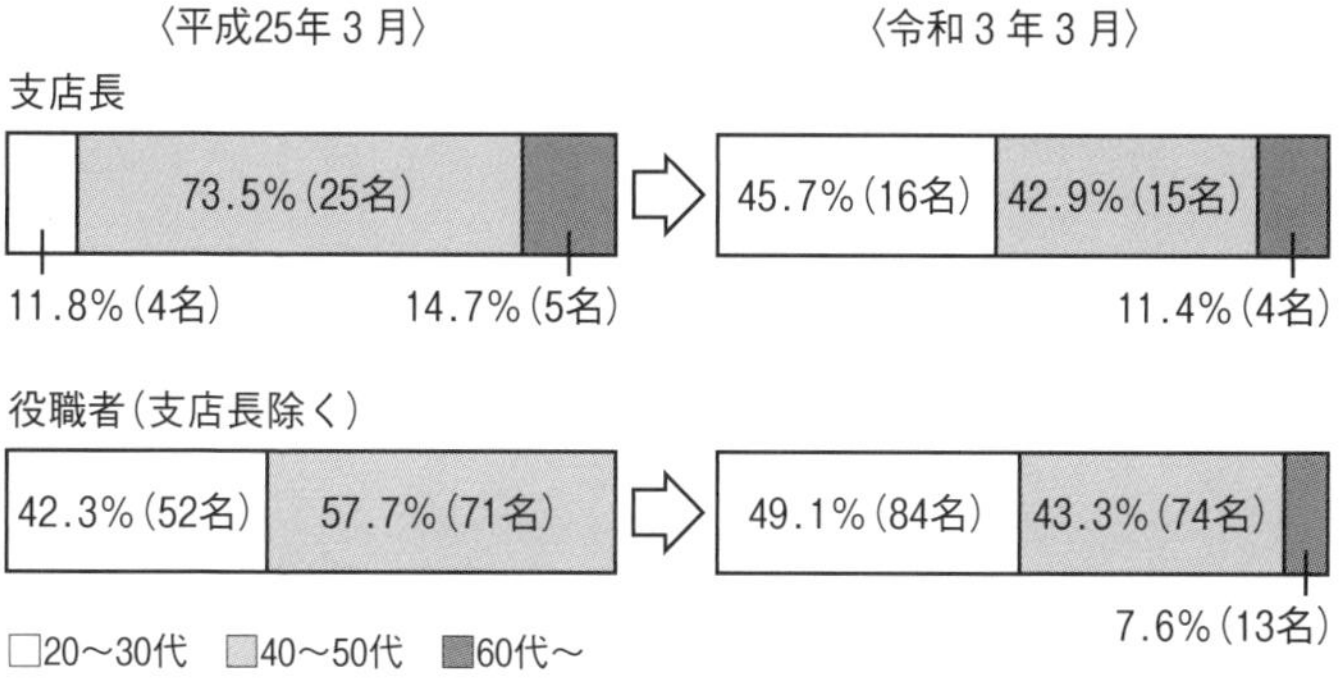

※平成29年４月定年延長。職員60歳→65歳、嘱託65歳→70歳。

滞債権の実態を確認したり、取引先が自己破産するような場合には、弁護士と面談して対応するなど、責任は重大です。私自身も数店舗の支店長を歴任してから管理部に異動した経緯があるので、従来なら経験豊かな人材を配置する部署だというイメージが定着していました。

管理部に配属した新入職員は、広島大学で法律を学び、シシンヨーの本業に特化したビジネスモデルをよく理解し、共感を示していました。当組合で自分のキャリアを築きたいという彼女なら、管理部でも十分に対応できるだろうと判断しました。ベテラン職員の定年退職を前に、管理部に配置し、そのノウハウを継承する狙いもありました。

このケース以外にも、年齢や性別、学歴を問わず、実績や適性等を勘案して上位職への登用を実施しています。実際、三〇代で支店長に抜擢されるのは、当組合では珍しくなくなっています。当組合では、支店長、役職者ともに、二〇～三〇代がおよそ半数を占めています。

今後も、有能な若手を積極的に登用し、さらなる成長の基盤を築きたいと考えています。

ベテラン職員のやる気を引き出す

役職定年の廃止

少子高齢化、人口減少が進行しているなか、人材の確保は今後ますます難しくなっていきます。そんななか、当組合では、働き方改革の一環として、平成二六年三月に「役職定年制の廃止」を行いました。

役職定年制とは、部長は五八歳、副部長は五七歳、支店長・課長は五六歳、支店長代理・係長は五五歳で役職定年を迎え、その後は役職から離れ、主任調査役・調査役など別の職務にあたる仕組みを指します。当然、給与は大きく下がります。

役職定年制の廃止により、定年を迎えるまでさらに上位の役職に挑戦することができるようになったため、ベテラン職員のモチベーションは向上しました。

役職定年制は、元来、組織の新陳代謝のための制度でしたが、シシンヨーでは年功序列の昇進制度はありません。前述のとおり、優秀ではあれば若くても支店長に抜擢されます。ですから、役職定年制を廃止しても、「上がいるから昇進できない」という不満が出ることはありません。

六〇歳以降も八割の給与を維持

職員の定年については、平成二九年に六〇歳から六五歳まで延長しました。また、定年後継続雇用の嘱託職員の上限年齢も、六五歳から七〇歳に引き上げました。

それ以前は、六〇歳で定年後、一定の条件を満たす職員は六五歳まで、嘱託職員として継続雇用していました。平成二九年当時、六五歳定年を導入したり七〇歳まで働ける企業はそれほど多くありませんでしたが、当組合はいち早く制度改革に踏み切りました。

この制度改革により、六〇〜六五歳における給与は、五九歳時点の八割を支給できるようになりました。

男女ともに年々平均寿命が延び、「人生一〇〇年時代」という言葉が浸透しつつある現在、安定した収入を長く得られることは、将来の不安をなくすことにもつながっています。

ベテランと若手を融合

当組合が他社に先駆けて定年を延長したのは、ベテラン職員がこれまで培った経験やスキル、知識を活用してもらいたいという思いからです。実際、リーマン・ショック後の取組みを覚えている層がいたことで、コロナ禍という突発的な有事における対応では非常に心強く感じました。

若い世代にはない、一見泥臭いと思われる根性や努力を大切にする世代は、モチベーション高く仕事に取り組んでいます。年齢だけを理由に役職を奪ってしまうのはもったいないことです。

少子高齢化、人口減少が進めば、今後、採用面でも影響は避けられないでしょう。ベテラン職員の力を最大限に活用することは、当組合にとって非常に有効な戦略だと思いま

図表16　広島市信用組合における職員数の年齢構成比

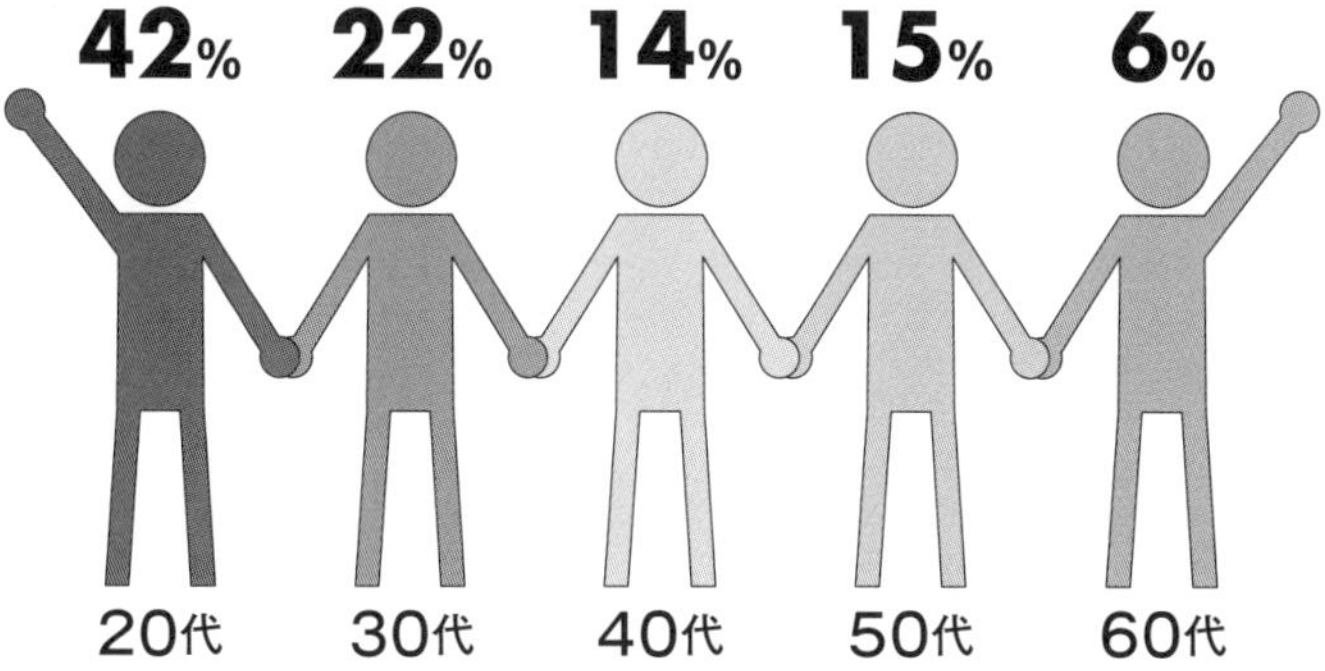

す。

役職のある人間が増えることで、当然人件費は増加しますが、当組合の業績は好調であり、財務体質も健全であれば、問題にはなりません。

変化が加速し先が見通せない時代となっていますが、将来有望な若手と、豊富な経験とスキルをもつベテランが融合することで、しっかりお客さまへの対応ができると考えています。実際、支店長会議では、三〇代の支店長と六〇代の支店長が肩を並べ、意見を交わしています。

若手とベテランをバランスよく配置することで、時間をかけて人材育成ができるようになり、組織全体のスキルアップ、底上げに貢献しています。

女性の活躍推進

女性職員の半数以上が役職者

当組合では、若手だけではなく、女性職員も積極的に登用しています。女性職員は自ら勉強し、よく動きます。女性を登用しない企業は衰退すると考えているぐらいです。当組合の職員の男女比は、ほぼ半々です。

女性初の支店長は平成二六年に誕生しています。「性別・年齢・学歴を問わず人材を登用する」という方針のもと、内務担当役席として活躍していた支店長代理の職員を支店長として抜擢しました。

また、課長・課長代理・係長といった役職のある女性職員については、平成二五年三月時には三四名いました。令和四年一一月末現在は全店舗に女性の役職者がおり、計九八名と約三倍となっています。女性職員における役職者の割合は五七・六%を占めており、半数以上が役職に就いていることになります。身近に役職者のロールモデルが存在することは、若手職員の成長にもつながります。

図表17　広島市信用組合における役職者の割合

（令和４年11月末現在）

	職員数	役職者	役職者の割合
女　性	170名	98名	57.6%
男　性	181名	118名	65.2%
嘱　託	28名	—	—
パート	30名	—	—
合　計	409名	216名	—

今後も高いモチベーションで仕事に取り組んでいる職員は、性別に関係なく上位職へ登用します。

適材適所を考える

女性の登用を積極的に推進する一方、その配置には配慮が必要です。令和元年の八月から、女性の渉外担当は本人が特に希望している場合を除き、原則廃止しました。

渉外担当は雨の日でも雪の日であっても、スーパーカブに乗ってお客さまのもとを訪問しなければなりません。業務のプレッシャーとともに、体力面でも負担がかかりますし、防犯上の配慮も必要です。いずれ退職者が出るだろうと考え、任命を辞めることにしました。もちろん、「外交が好き」という女性職員には現在も続けてもらっています。

その代わり、営業店では女性職員が稟議を書き、融資業務をサポートしています。

「融資ありき」の信組ですから、学歴・年齢・性別を問わず全職員が融資に関わります。高卒の女性も大卒の女性も自ら手を挙げ貸付係を担当し、担保付き融資の稟議をサッサと作成します。

女性のみの編成でローラー活動を行ったこともあります。さらに、創立七〇周年に合わせた七〇年史の編纂《へんさん》も、採用二年目の女性職員三名が中心となって取り組みました。責任ある仕事を与えることで、職員のモチベーションはおおいにあがります。女性の登用は、当組合の成長に大変寄与しています。

子育て支援の充実

復職率を高める施策

当組合では、職員および職員の配偶者の出産・育児を支援するために、「出産祝い金制度」を設けていますが、令和元年にその内容をさらに充実させています。

それまで第一子には三万円が支給されていましたが、一〇万円にアップしました。第二

図表18　産休・育休取得者の復職率

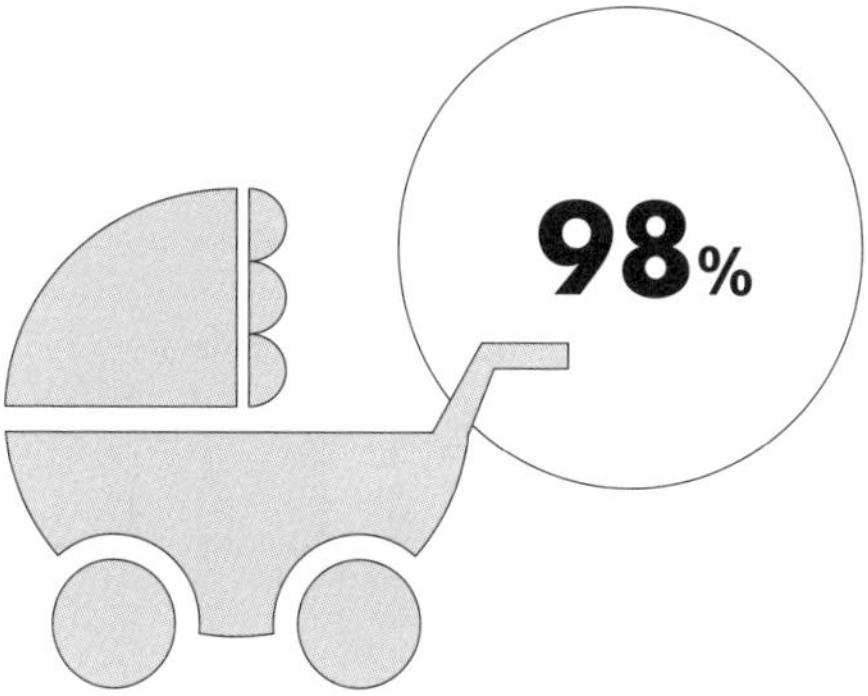

子については一〇万円から一五万円に、第三子以降については二〇万円から二五万円に引き上げました。
　育児休業取得後の復職がスムーズに進むようにも配慮しています。育児休業を取得中の職員に対して、定期的に資料などを送り、職場情報を提供するなどして、復職のバックアップに努めています。
　さらなる活躍を期待して復職時のポストを用意していますし、復職後も能力に応じて上位職への登用を推進しています。仕事と子育ての両立支援に積極的に取り組んでいる結果、平成二六年以降の産休・育休取得者は六一名、復職率は九七・九%となっています。
　職員一人ひとりにとって働きやすい職場環境を整備するために、今後も職員の声を聞きながら施策を進めていきたいと考えています。

ワーク・ライフ・バランスの実現

メリハリある働き方でリフレッシュ

前述のとおり、私自身は毎朝五時過ぎに出勤し、役員会議も六時半から開いていますが、職員は八時一〇分より前に店舗に入ることはできません。原則、始業時間は八時四〇分、退勤時間は一七時四〇分としており、定時退勤の推奨と徹底がなされています。時間外勤務は月末や月初などの繁忙日に各店から申請がある場合のみ可能としており、時間管理は店舗業績評価にも反映しています。

時間管理を徹底することで、職員は、心も体もリフレッシュした状態で仕事に取り組めます。また、育児や介護、趣味、学習などとのワーク・ライフ・バランスを推進するうえでも、メリハリをつけて仕事をすることは大切です。決められた時間内に業務を終わらせるためには、仕事の進め方を工夫する必要がありますから、職員一人ひとりの能力向上につながります。また、業務終了後や休日に自分の時間をより多くもつことができれば、資格取得などの自己研鑽に励むこともできます。

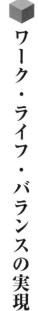

かつて当組合でも退職者が多かった時期はありますが、前述のさまざまな施策の結果、当組合の職員の定着率は昨今、高水準を維持しています。各支店長には、体調不良であったり、無口になった、何かおかしいと感じられる職員がいたときにはすぐに人事部に相談するように伝えています。

職員一人ひとりに目をかけ、気を配ることが大切です。

自己研鑽の奨励

当組合は、足を使って取引先に出向き、お客さまに寄り添った対応を徹底することを心掛けています。その最前線に立っているのが職員です。

「企業は人なり」といいます。

企業の発展には、人材の育成が欠かせません。当組合では、内部研修の実施とともに、県外を含めた外部の研修にも積極的に参加することを奨励しています。

自己研鑽は、本人の意識から始まります。職員一人ひとりが自分の仕事を遂行するなかで、少しずつでも自らの能力を高めようと考えてくれればと思っています。そのため、援助制度は手厚く用意していますし、自己研鑽は当組合の企業風土となっています。金融関連の検定試験をはじめとする多様な資格取得、通信教育にも、皆、熱心に取り組んでいます。業後の時間を利用して半年間勉強し、宅地建物取引士の資格に合格した職員もいます。

お客さまや地域のニーズに応え、社会情勢の変化にも柔軟に対応するためには、職員の能力向上が必要不可欠です。

コラム

広島東洋カープのスポンサードゲーム

お客さまと役職員・家族に感謝

シシンヨーでは、平成二三年より、広島東洋カープのスポンサードゲームを開催し、お客さまならびに役職員とその家族などを招待しています。

私は、中学・高校と野球部に所属した、野球少年でした。根っからの野球好きですから、地元に広島東洋カープの本拠地があり、プロ野球を気軽に観戦できるスタジアムがあることを幸せに思っています。平成二九年には、広島東洋カープのリーグ連覇を記念して実施された提灯行列に、当組合の本部や本店営業部の役職員も参加しました。三七年ぶりの連覇に、広島はおおいに盛り上がりました。

スポンサードゲームは、地元のヒーローたちを応援したいという思いとともに、お客さまへの日頃の感謝を込めたイベントです。広島東洋カープの人気は年々加熱しており、観戦チケットの入手も難しくなっていると聞きます。そんななか、このスポンサードゲームを毎年楽しみにしているお客さまはたくさんいらっしゃいます。

また、スポンサードゲームは、現場主義を徹底して日々お客さまに寄り添う職員とその家族に感謝する場でもあります。支店単位で席を割り振っているため、お客さまとのリレーション強化に加えて、職員同士、あるいは職員を超えた家族同士が交流し、一体感をもつ絶好の機会となっています。
コロナ禍の影響により三年ぶり

の開催となった令和四年度は、四〇〇〇人を招待しました。「シシンヨー創立七〇周年記念スポンサードゲーム」という看板やのぼりをマツダ スタジアムの入場ゲートに掲げ、大型ビジョンやLEDリボンビジョンではシシンヨーのPRを行いました。

また、「ハッピードリーム定期」の広告が印刷された応援うちわが観客全員に配布され、皆で応援しました。

オープニングセレモニーでは、当組合の女性職員から選手へ激励の花束をお贈りし、例年どおり私は始球式に臨みました。

当組合内では、スポンサードゲームが毎年晴天であることが話題になっていますが、令和四年のゲームも雨が降ることなく観戦できました。休止となっていた間の思いもあり、スタジアムで応援できる喜びを感じられる一日となりました。

今後もシシンヨーは広島東洋カープを応援するとともに、スポンサードゲームを通じてお客さまならびに職員とその家族に感謝の気持ちを伝えていきます。

第五章

一番頼りになるコミュニティ・バンクを目指す

支店の開店・新築移転に積極投資

お客さまと地域のために

シシンヨーが目指すのは、〝一番頼りになるコミュニティ・バンク〟です。地域の皆さまの頼りになる金融機関として、地域の皆さまとの強い信頼関係を築くことが大切であると考えています。

多くの金融機関で、昨今、店舗戦略については効率化の観点から見直しの動きが加速しています。長引く低金利や少子高齢化の影響とともに、キャッシュレス化の流れもあり、店舗の統廃合が進んでいます。

固定費の削減としては意味があるのかもしれませんが、金融機関側の都合で店舗がなくなったり縮小されたりした地域で暮らすお客さまの利便性は損なわれます。実際に困っているという声も聞かれます。

シシンヨーの店舗戦略は、こうした金融機関の動きとは一線を画し、いわば逆張りの選択をしています。つまり、ほかの金融機関の店舗がなくなり顧客対応が手薄になるところを好機と捉え、店舗にむしろ積極投資しているのです。

シシンヨーにとって、一番大切なことは、お客さまと「フェイス・トゥ・フェイス」で顔を合わせて、関係性を築いていくことです。預金・融資に特化しているだけに、お客さまの身近に、気軽に来店しやすい店舗があることは大切です。また、日々お客さまのもとを訪問する渉外担当のベースとなる店舗ですから、職員にとって快適な空間でなければなりません。

世の中がどれだけデジタル化しても、シシンヨーは現場主義を徹底します。地域密着の金融機関として、まずはお客さま、地域のために「損して得とれ」というのが私の考えです。

続々とリニューアル

当組合では、平成二六年六月から令和四年六月までの八年で、東雲支店を皮切りに、可部支店、宮内支店、己斐支店の計四店舗の新築移転開設、駅前支店の新築とともに、一九年ぶりの新規開店となる広支店をオープンさせました。

今後も、令和五年度に二店舗（海田支店・五日市支店）、令和六年度に二店舗（府中支

己斐支店（令和４年６月に新築移転開設）

店・薬研堀支店)、令和七年にも二店舗(鷹の橋支店・古江支店)、令和八年度に一店舗(南支店)の新築移転開設計画が進められています。

新築移転開設の対象は老朽化したテナント店舗を中心に進めており、新店舗は、旧店舗の近くに新たな土地を購入して建設しています。古い、汚い、駐車場がない店舗では、お客さまは来てくださいません。利便性を高めるために、駐車場は旧店舗の二倍から三倍の広さを設け、車で移動されるお客さまが立ち寄りやすいようにしています。たとえば、令和四年六月に新築移転開設した己斐支店(写真)は、一六台分の駐車場を用意しています。

外観は統一デザインに

店舗の外観は、カーテンウォールの外壁で統一しています。どの店舗も同じデザインにしているので、お客さまは建物をみればシシンヨーだとわかります。普段お客さまが利用されている以外の店舗でも、一目でシシンヨーだと認知できるので、より身近に、より気軽に利用いただけると考えています。

一店舗当たりの建設費は、土地・建物などで六億円から一〇億円ほどになります。この金額を高いと考える金融機関があるかもしれませんが、店舗が新しくなって綺麗になるとお客さまは本当に喜んでくださいますし、職員のモチベーションもあがります。さらに、ローラー活動によって新たなお客さまを獲得することもできますので、コスト以上の成果をあげています。

既存店舗のリニューアル、美化にも努めています。平成二四年度から二七年度にかけて、一九店舗の外観をリニューアルしました。令和三年九月からは、総務課の二名の職員が、全営業店とその駐車場を高圧洗浄して外壁タイルなどの汚れを落としたり、塗装をしたりしています（特別手当を支給）。さらに、屋上の塗装も進めています。屋上を綺麗にしてもお客さまにはわかりません。しかし、そうした目にはみえない部分、普段は気づかない場所にも気を配ることは、常にお客さまに寄り添うことと、表裏一体の面があるように思います。

これからも、お客さまにとっても職員にとっても心地よい空間を維持するための投資は積極的に行うつもりです。

全役職員で取り組むローラー活動

応援ローラーの効果

シシンヨーでは、移転開設も含めた新築店舗の営業エリアにおいて実施するローラー活動を、とても重要な取組みとして位置づけています。

ローラー活動は、預金と融資という金融機関の本業に特化した経営を信条とするシシンヨーの名物となっている取組みであり、「周知徹底」と「基盤拡充」を目的としています。応援ローラーは、新築移転や新規開店、周年キャンペーンなどに欠かせない営業活動で、該当する支店の職員だけではなく、別の支店の支店長から新入職員までが協力し、地域のお客さまを一軒一軒訪問します。

応援ローラーによって、支店間の競争ではなく、互いに支え合い、高め合う精神が育まれ、当組合全体の規模の拡大につながっています。特に若手にとってはトレーニングの場にもなっており、営業ノウハウを習得し、営業意識を向上させるうえでも貴重な経験となっています。

図表19　応援ローラーの効果

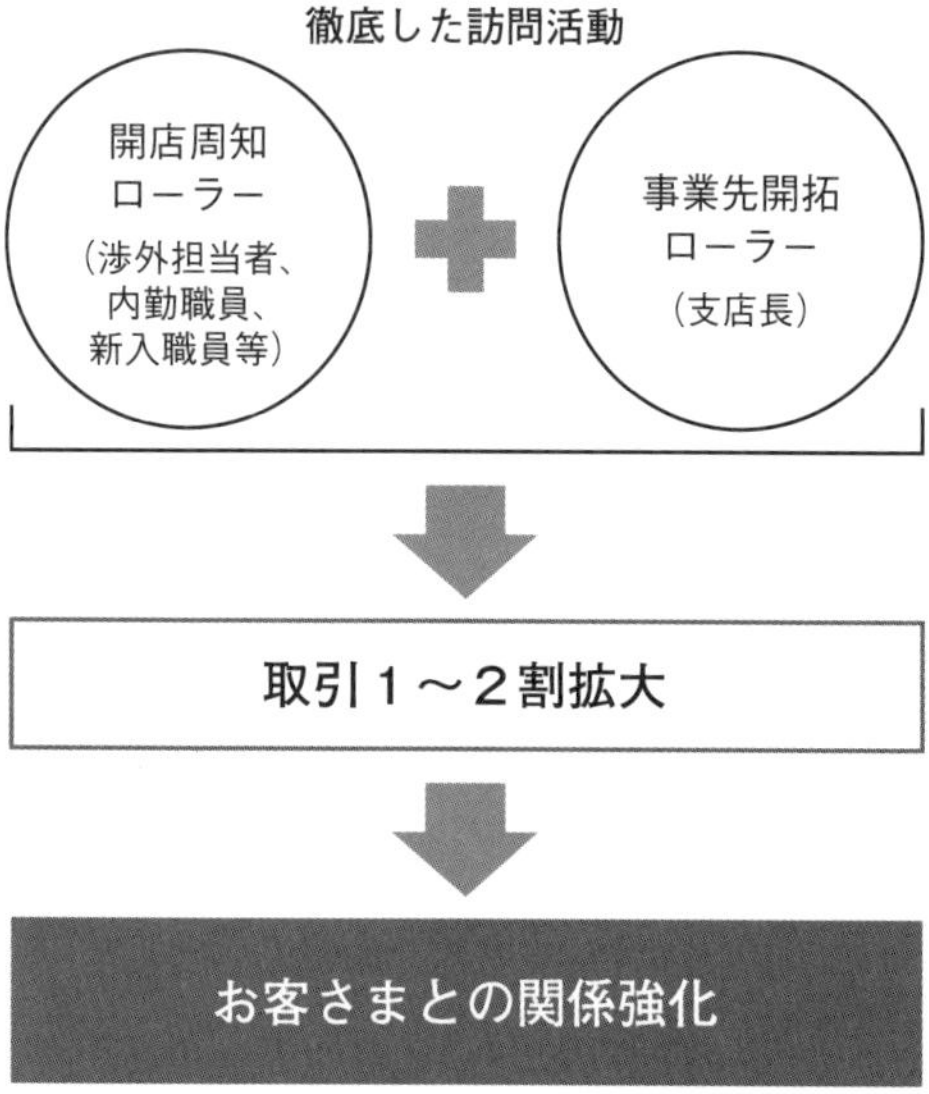

応援ローラーの柱としては、職員が行う「開店周知ローラー」と、全営業店の支店長が一堂に会して行う「事業先開拓ローラー」があります。

「開店周知ローラー」は、オープン前から数カ月かけて実施します。階層ごとに行い、渉外担当者等によるローラー、内勤の女性職員によるローラー、新入職員によるローラーなど、支店を超えて協力します。

「事業先開拓ローラー」は、平成二九年の宮内支店の新築移転開設時から本格的に行うようになりました。全支店の支店長がそれぞれ三〇社程度を担当し、一〇日に一回ほどのペースで訪問。精鋭集団によるローラー活動は、毎回大きな実績を残しています。全店長が自ら一軒一軒フットワーク軽く訪ねることは、ほかの金融機関ではなかなかみられませんので、訪問先で名刺をみたお客さまにはよく驚かれます。

新築移転開設の場合、応援ローラーにより、オープン時には、旧店舗と比べて預金・貸出金残高、取引社数を一～二割程度伸ばすことができます。応援で参加した店長等が開拓した先は、その後、新店の担当者に引き継ぎます。

こうした取組みを通じて、まず新しいお客さまの記憶にシシンヨーをとどめていただき、それが徐々に日常のやりとりとなり、関係性を築いていくことができます。

一九年ぶりの新規開店《広支店》

アウェイのなかでの営業活動

当組合の店舗戦略をわかりやすく説明するために、すでに新しいスタートを切った支店を事例として紹介します。

広支店は、平成三〇年一一月、一九年ぶりに新規開店した店舗です。呉市には、広島第一信用組合との合併時に引き継いだ安浦支店があり、広支店は二店舗目となります。

このエリアは、広島県の主要産業である造船や鉄鋼、パルプといった製造業が盛んで、高い技術をもったオンリーワンの中小零細企業が多いのが特徴です。ファミリー層の人口が増加し、マンションや戸建ての需要も高まっています。そのため、当組合は平成二六年六月に呉市の中央部や広地区を含めた呉市全域を営業区域に追加。ここで資金需要を開拓して利便性向上、基盤拡充につなげようと、二年をかけて出店を検討しました。

広島県第三位の人口を誇る呉市は、地銀や

信金など、金融機関の支店が集中する競争の激しいエリアです。ほかの金融機関のシェアが高く、保守的なところだといわれていました。アウェイともいえる地域での新規開店でした。

広支店のローラー活動は、店舗が完成する五カ月前の平成三〇年六月に「新入職員ローラー」の実施からスタートしました。「呉市役所広市民センター」の貸会議室を拠点に、顧客にあいさつをする経験を積ませるOJTの一環でもありました。

ところが、ローラー活動の途中、呉市は西日本豪雨に見舞われ、安浦支店が最大一メートル六〇センチも浸水する事態が起こりました。

そこで、ローラー活動を一時中断し、食料や水、清掃用具などを安浦支店に持ち込み、流入した土砂の清掃を行い、周辺の復旧作業に加わりました。私も安浦支店に入り、その対応に集中しました（コラム「呉市の災害復興支援」参照）。

この豪雨では、ほかの金融機関に先駆けて安浦支店を復旧させた取組みが、メディアに取り上げられました。広地区では断水が続いたことから、地域の皆さまの安否確認とともにウェットティッシュの配布をして回り、お客さまからは大変喜ばれました。結果的にシンシヨーの認知を高めることになりました。

ローラー活動で最大の業績を残す

豪雨災害から落ち着きを取り戻したあと、中断していたローラー活動を再開。広支店以外の全営業店三四名の店長による一〇回の応援ローラーや、課長以下一般職員、新入職員による二〇回の応援ローラー、計三〇回を展開しました。ローラー活動に参加したのは、延べ一〇〇〇名にのぼります。

多くの役職員の応援を受け、一致団結したこともあり、広支店のオープン当日は一八五〇名のお客さまが来店し、記念粗品を追加発注するほど、大盛況でした。

オープン当日の預金額は九九億円、貸出金額は一三六億円にのぼり、過去最高の約四〇〇先の融資先を獲得することができました。その多くはプロパー融資です。

オープンから一年一カ月後の令和元年一二月の融資残高は二〇〇億円に達しました。

新規開店の場合、これまでに積み重ねてきた基盤がありません。だからこそ、現場主義を徹底し、お客さまの声に耳を傾け、丁寧かつスピーディーに要望に対応することが大切なのです。

呉地区で浸透した営業活動

広支店は、おかげさまで令和四年一一月に開店四周年を迎えました。

周年記念日は、開店前からお客さまの行列ができ、シャッターがあがるのを楽しみに待たれている様子でした。一一六二名のお客さまに来店いただき、一三台分の駐車スペースは常時満車状態。毎回お客さまに好評を博している記念粗品の「北広島町産新米こしひかり」は、今回も大人気でした。職員は終日対応に追われましたが、広支店が、呉地区において存在感のある店舗に成長していることを実感できました。

多くの金融機関が支店の統廃合を進めるな

か、一九年ぶりの新規開店という当組合の逆張りの店舗戦略は功を奏しました。お客さまが望んでいるのは、顔を合わせてのコミュニケーションです。開店四周年においても、ほかの支店の職員による周知ローラー、全店の店長による事業先開拓ローラー活動を実施しましたが、訪問する先々で「よう来たな」と歓迎を受け、シシンヨーの取組みがお客さまに浸透してきていることが感じ取れました。

広支店の貸出金残高は順調に積み上がっており、全店中三位と、ほかの支店を牽引する存在に成長しています。そして、支店長以下全員がシシンヨーの顔としての誇りをもち、地道な活動を継続しています。

コロナ禍での移転開設《駅前支店》

きめ細やかな対策

令和二年一一月、当組合は、駅前支店を建て替えし新築開店しました。

新店舗の駐車場は一階と店舗近くを含めて計九台分を備え、二階のロビー・営業室とエ

スカレーターでつなぐ、シシンヨー初のピロティ形式の店舗となっています。

駅前支店の営業エリアは広島駅周辺で、約四万世帯、六〇〇〇社が対象となります。広島市の中心部ということもあり、地銀や信金の支店も多く、競争の激しいエリアです。

また、コロナ禍も二年目というなかでの営業活動が求められ、感染防止に努めながら、きめ細やかな対策をたてました。

オープン三カ月前から応援ローラー活動（写真）を実施し、駅前支店長を除く三四名の店長による事業先開拓ローラーは七回、一般職員による開店周知ローラーは一四回、計二一回におよびました。そのかいあって、預金残高は六一億円純増、融資は三二億円純増となり、新規の事業性融資については約二〇〇先を獲得しました。

「フェイス・トゥ・フェイス」が生んだ大きな効果

コロナ禍では、多くの金融機関が直接対面での面談の代わりにオンライン対応をしたり、ネット予約等を推進していました。しかし、ふたを開けてみると、駅前支店のオープン当日には、一一二二名ものお客さまが直接来店されました。

その後も、駅前支店には多くのお客さまが来店してくださっています。「顔がみえる対面営業のほうが安心する」というお客さまの声に応える、シシンヨーの「フェイス・トゥ・フェイス」の姿勢が評価されているのだと思います。

駅前支店、前述の広支店はともに競合の金融機関が多いエリアですが、さらなる基盤の拡大が期待できます。駅前支店の新築開店二周年となる令和四年一一月には、広支店の開店四周年記念と併せて、一緒に大規模な応援ローラー活動を展開。駅前支店の預金・貸出金は、ともに各一〇億円を積み上げることができました。

一兆円バンクへ

継続は金《きん》なり

当組合は、令和二年度に、一〇年以内（令和一二年度まで）に預金・貸出金ともに一兆円を目指すことを宣言しました。

中小零細企業が主なお客さまである信用組合が一兆円規模を狙うのは、容易なことではありません。しかし、不可能なことでもありません。当組合は、全国の信組で最大規模を目指します。

すでに、われわれシシンヨーはさまざまな目標を達成してきました。

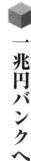

支店の新規開店、移転開設ではローラー活動による周知徹底と基盤拡大を実現し、預金・貸出を伸ばしています。同時に、不良債権については、バルクセールを中心に処理を進めています。予想もしなかったコロナの感染拡大のなかでも、増収増益を達成しています。

令和四年三月末時点で、当組合の預金は八〇〇〇億円、貸出金は七〇〇〇億円を突破しています。そのため、この目標時期を前倒しして、預金は令和八年三月期、貸出は令和九年三月期までに一兆円にしたいと考えています。

令和元年六月には、中国財務局の認可をもって、当組合の営業区域を広島県一円に拡大し、広島県内で当組合の存在感はより一層高まり、お客さまの利便性向上、取引増加につながっています。

一兆円バンクはもう射程圏内です。集まった預金を地域のお客さまに使っていただけるよう、日々現場主義を徹底していきます。

厳しい状況に置かれている金融機関が多いなか、当組合が成長し続けているのは、投資信託や生命保険などのフィービジネスには目もくれず、本業を愚直に継続するという経営方針を貫いているからです。その信念を変えることなく続けていくことが、シシンヨーの未来につながっていきます。「継続は金《きん》なり」です。

地道な営業活動によりコツコツと育んできた信頼は、当組合にとって何物にも代えがたい宝です。「地元のお金は地元で活かす」をモットーに、「フェイス・トゥ・フェイス」と「フットワーク」の現場主義を愚直に継続することで、スピードをもって地域の皆さまの繁栄に貢献できるよう、着実に歩みを進めていきます。

コラム

呉市の災害復興支援

復旧に向けた対応

平成三〇年、呉市において一一月に新規開店する広支店の応援ローラーを行っていた最中、西日本豪雨に見舞われました。七月六日のことです。

呉市外への交通網は寸断され、呉市東部にある安浦支店は一メートル六〇センチの浸水被害に遭いました。当組合も事態を重く受け止め、常勤理事会を緊急招集し、復旧支援用の円滑かつ低金利の融資制度の取扱いを決定しました。応援ローラー活動は一時中断し、私も含め多くの職員が陸路で安浦支店に入りました。交代で復旧作業にあたって店内に流

れ込んだ汚泥の搬出や床や壁、机等の洗浄を行い、九日月曜日には休業することなく窓口を開けることができましたが、最も心配だったのは呉市に暮らすお客さまでした。

当組合は、安浦支店の復旧作業と並行して近隣の復旧作業の手伝いに駆け付け、災害ゴミの集積場への運搬や道路清掃などに従事しました。また、金融相談窓口を設け、七月中は休日でも相談が受けられるようにしました。「預金通帳や印鑑をなくしているが、お金を引き出したい」などの要望やローン返済などの相談が寄せられ、お客さまに寄り添うために全力を注ぎました。

その後、広支店はローラー活動を再開し、預金・貸出ともに最大の実績を残し、その成果は当組合に大きく寄与しました。

ネーミングライツの初取得

呉市では、豪雨災害からの復興に向けた財源を確保するため、また市民の地域づくり参加への機会を提供することを目的に、呉市総合体育館（通称オークアリーナ）のネーミングライツパートナーを募集していました。一年二〇〇万円で五年間の契約です。

呉市総合体育館は広支店に隣接しているというご縁もあり、当組合は、地域により深く根差し、災害復興を通じて地域貢献を行うため、その命名権を平成三一年四月から五年間取得しま

した。名称は「シシンヨーオークアリーナ」になり、「シシンヨーオークアリーナ」の名前が入った看板やインフォメーションボード等を設置しました。

また、施設利用リーフレットも作成し、呉市体育振興財団へ寄贈しています。

オークアリーナは、バスケットボールのＢリーグやバレーボールなどの大会が行われ、年間三〇万人の利用があります。施設内外の看板や、バス運行時のアナウンスなど、シシンヨーの名称が広く周知できることを期待しています。

このほか、呉市の主要な商店街やスーパーなどの近くにＡＴＭを増設しています。呉市の皆さまにとってより身近な存在になり、気軽に利用できるよう、シシンヨーは今後も現場主義を貫いていきます。

広島市信用組合　年表

【第1期】

昭27・5・17　創立総会開催、寺田豊理事（組合長）就任
5・28　設立認可
5・31　設立登記、広島市信用組合徽章制定
6・2　土建会館仮営業所において開業（広島市国泰寺町三三一番地）
組合員数三五〇名、出資金三一五万円、役職員数一五名
9・24　寺田豊組合長、広島県信用組合協会会長に就任
10・18　堺町支所開設（広島市堺町一丁目三〇番地）
28・1・23　本店建築委員会設置
◇　割増金付たから定期貯金を新発売

【第2期】

28・5・17　第一期通常総代会開催
6・1　手形交換所に代理交換（広島銀行）加入
6・23　東支所開設（広島市荒神町一三五番地）
8・11　本店新築地鎮祭挙行
12・24　向洋支所開設（旧大原支店・広島市仁保町字妙見二七八二―二）
29・1・10　中小企業金融公庫代理業務取扱い開始
2・16　寺田豊組合長、全国信用協同組合連合会理事に就任
3・8　大河支所開設（広島市旭町一六七九番地）、店舗数五カ店に
◇　ふたば、わかば、ときわ三種類の定期積金を新発売

【第3期】

29・4・1　広島県信用保証協会業務取扱い開始
5・24　新本店営業開始（広島市西魚屋町四四

番地）
鷹の橋出張所開設（広島市国泰寺町三二番地）
6・22　広島市預託金業務取扱い開始
10・10　定期積立による第一回旅行スタート（九州）
11・17　貯金箱に関する実用新案登録を申請（登録番号395572号）

【第4期】
30・4・1　祇園支所開設（安佐郡祇園町大字南下安三二五番地）
4・5　全国金融機関優良店舗として大蔵大臣、日本銀行総裁より表彰
5・20　寺田豊組合長が全国信用協同組合連合会第一回総会に出席
7・30　キャッチフレーズとして「一番きやすいシシンヨー」を使用
9・21　安芸支所開設（安芸郡海田市町字新開三〇八番地）
国民金融公庫業務取扱い開始
31・3・31　組合員数三二二八名、出資金三一〇〇万円、役職員数一一四名
◇七福神積金を新発売
◇子たから自由積金を新発売

【第5期】
31・6・－　広島市信用組合組合歌制定
7・25　廿日市支所開設（佐伯郡廿日市町字旗の浦二八〇番地）
11・22　駅前支所開設（広島市京橋町四二番地）、店舗数一〇カ所に
32・3・31　預金量一〇億円達成
◇「組合長」を「理事長」に、「支所」を「支店」に定款変更

【第6期】
32・6・2　西条信用組合との合併総会開催
10・1　信友会発足
11・2　東支店開設（後の荒神支店・広島市荒神町一一五番地）
11・21　関連会社　豊徳㈱設立
33・3・31　組合員数五三九三名、出資金六五〇〇万円、役職員数一五一名
◇創立五周年記念式典ならびにアトラク

ションを開催

【第7期】

33・7・22 堺町支店新築移転（広島市堺町二丁目四六番地）

34・2・25 寺田豊理事長、㈳全国信用組合中央協会副会長に就任

3・31 預金量二〇億円達成

◇ 皇太子殿下ご成婚慶祝記念定期積立を新発売

◇ 第一回従業員家族懇親会を開催

【第8期】

34・5・1 向洋支店新築移転（広島市仁保町字青崎八の一）

向洋支店跡に大原出張所開設（広島市仁保町字妙見二七八二の二）

11・20 中小企業退職金共済事業団業務取扱い開始

12・31 全国信用組合四六七中第五位に躍進（預金量二三億一二〇〇万円）

35・2・1 南支店開設（広島市宇品町御幸通一五丁目一〇番地）

【第9期】

36・2・25 全国信用組合大会において全国優良信用組合として受賞

3・31 預金量三〇億円達成

◇ 自由積立貯金を新発売

◇ 住宅融資積立を新発売

◇ 一〇周年記念定期貯金を新発売

【第10期】

36・4・10 創立一〇周年を期して建築の本店新築案理事会にて承認

7・10 全国信用協同組合連合会より昭和三五年度預金増強運動で受賞

37・3・20 年金福祉事業団業務取扱い開始

3・31 預金量四〇億円達成、組合員数六一五二名、出資金一億一〇〇万円、役職員数二二八名

◇ 企画委員会発足

◇ オリンピック積金を新発売

【第11期】

37・5・1 薬研堀支店開設（広島市薬研堀三四番地の一）

5・23 本店新築地鎮祭挙行
6・9 創立一〇周年記念式典ならびにアトラクションを開催
8・27 寺田豊理事長急逝
今井稔専務理事、理事長就任
8・29 今井稔理事長、広島県信用組合協会会長に就任
38・3・31 預金量五〇億円達成
◇「貯金」を「預金」に名称変更
◇業務推進委員会発足

【第12期】

38・5・18 「誓いの言葉」制定
5・28 今井稔理事長、全国信用協同組合連合会理事に就任
6・5 本店定礎式挙行
7・1 退職年金制度発足
7・5 「総親和」を創刊
10・15 本店新築竣工式挙行、「真心」の像および西日本で最初の立体駐車場（スカイパーキング）設置
10・22 新本店で営業開始

39・1・31 住宅金融公庫業務取扱い開始、代理業務課新設
2・3 廿日市支店新築移転（佐伯郡廿日市町廿日市三〇〇番地）
3・31 預金量七〇億円達成

【第13期】

39・4・1 電報・電話料代理払込み、水道料収納業務取扱い開始
6・10 己斐支店開設（広島市己斐町二五二九広電会館内）
6・29 広島市収納代理業務取扱い開始
9・15 東雲支店開設（広島市東雲町七一三の一）
40・3・31 預金量一〇〇億円達成
◇「真心」の像の貯金箱制作

【第14期】

40・4・10 組合旗制定
11・15 若草町支店開設（広島市若草町官有無番地若草ショッピングセンター内）
41・1・－ 牛田男子寮開設

【第15期】

41・4・14　今井稔理事長急逝

4・18　国盛孝雄副理事長、理事長に就任

4・22　国盛孝雄理事長、広島県信用組合協会会長に就任

5・26　国盛孝雄理事長、全国信用協同連合会理事に就任

42・1・4　信用組合間による「振替口預金制度」実施

2・－　定期積金による第一回海外旅行スタート

3・31　組合員数七九一九名、出資金三億五一〇〇万円、役職員数三一七名

【第16期】

42・6・－　万博積金を新発売

7・17　祇園支店移転（安佐郡祇園町大字南下安四二二番地）

【第17期】

43・7・8　三篠支店開設（広島市三篠町三丁目二一番一三号）

9・21　国盛孝雄理事長退任、上土居重明理事長就任

44・2・14　上土居重明理事長、全国信用協同組合連合会理事に就任

◇　職場委員会発足

【第18期】

44・4・1　全国信用協同組合連合会業務取扱い開始

統一経理基準適用実施

4・30　融資量一〇〇億円達成

5・－　上土居重明理事長、全国信用組合中央協会副会長に就任

7・14　戸坂出張所開設（広島市戸坂町二五五九番地）

12・15　戸坂出張所新築移転（広島市戸坂町字出江一四一八番地の一）

45・3・10　日本万国博覧会記念貨幣（一〇〇円）引換え

【第19期】

45・4・20　祇園支店新築移転（安佐郡祇園町大字南下安字祇園四〇二番地の一）

7・27　江波支店開設（広島市江波西二丁目

三三番地一七号）
9・21 戸坂出張所、支店に昇格
46・3・1 内国為替業務取扱い開始
3・31 組合員数一万二一一二名、出資金五億一〇〇万円、役職員数三五九名
◇ 二〇周年記念預金を新発売
◇ 付利・計算事務等の本部集中処理開始

【第20期】

46・4・5 出島支店開設（広島市出島一丁目一七番七号）
4・17 創立二〇周年二〇〇億円達成へ総決起大会開催
6・1 広島県収納代理業務取扱い開始
9・13 安芸支店新築移転し、海田支店に名称変更（安芸郡海田町海田市下古川床二二〇〇番地の二）
10・1 「総親和」一〇〇号記念特集発行
11・9 農林漁業信用基金業務取扱い開始
12・2 駅前支店新築移転（広島市京橋町三番一二号）
12・31 預金量二〇〇億円達成

47・1・28 札幌オリンピック冬季大会記念貨幣（一〇〇円）引換え
◇ 広島市内各金融機関の間で同地振込制度実施

【第21期】

47・7・22 吉田信用組合との合併総会開催
10・1 吉田信用組合と合併。営業区域を高田郡、山県郡に拡張。吉田支店、千代田支店および大朝出張所を設置
10・5 融資量二〇〇億円達成
全国中小企業団体中央協会より優良組合として表彰
12・6 安支店開設（広島市安古市町大字上安字槙ケ坪三四〇番地の二）
48・3・1 ㈶公庫住宅融資保証協会の保証業務取扱い開始

【第22期】

48・4・9 鷹の橋支店新築移転（広島市大手町五丁目七番一〇号）
5・7 己斐支店新築移転（広島市己斐本町一丁目二四番七号）

大河支店新築（広島市南区旭一丁目二〇番一一号）
7・19 預金量三〇〇億円達成
11・10 コンピュータを導入してパッチ処理開始
11・16 中小企業事業団業務取扱い開始
12・24 融資量三〇〇億円達成
49・1・11 日本興業銀行業務取扱い開始
日本債券信用銀行業務取扱い開始
◇ 信用保険付家庭ローンを新発売
◇ 第一信用組合と業務提携

【第23期】

49・4・12 上土居重明理事長、広島県信用組合協会会長に就任
7・1 大朝出張所、支店に昇格
7・8 千代田支店新築移転（山県郡千代田町大字壬生日焼田五五）
11・11 長束支店開設（広島市祇園町大字長束字芦田屋一一〇四番地の三）
50・3・31 組合員数一万六八一六名、出資金六億五五〇〇万円、役職員数四〇〇名

◇ 美術工芸品付子たから積金を新発売

【第24期】

50・4・1 長束女子寮開設
5・30 預金量四〇〇億円達成
6・1 住宅ローン「保証共済付」を新発売
7・3 沖縄国際海洋博覧会記念貨幣（一〇〇円）引換え
11・25 南観音支店開設（広島市南観音二丁目三番一〇号）
12・30 融資量四〇〇億円達成

【第25期】

51・5・10 近谷俊雄専務理事、理事長に就任
5・19 近谷俊雄理事長、全国信用協同組合連合会理事に就任
5・28 近谷俊雄理事長、広島県信用組合協会会長に就任
6・28 中広支店開設（広島市中広町二丁目二番二一号）
8・21 預金量五〇〇億円達成
10・25 長束支店新築移転（広島市祇園町大字長束一一二〇番地の一）

11・1 南観音支店新築移転（広島市南観音二丁目七番二一号）

【第26期】

52・4・27 日本長期信用銀行業務取扱い開始
10・29 融資量五〇〇億円達成
11・10 己斐上町支店開設（広島市己斐上五丁目一二三九番地の四）
12・23 預金量六〇〇億円達成
53・3・13 祇園支店新築移転（広島市祇園町南下安二九番の一）
3・31 組合員数二万七七一名、出資金六億九九〇〇万円、役職員数四六一名
◇当組合第一回実務技能（ロールプレイング）大会開催

【第27期】

53・4・20 しんくみ生命保険付定期預金を新発売
6・20 国庫金（年金等）振込取扱い開始
7・10 古江支店開設（広島市古江新町三番七号）
11・20 アパートローンを新発売
12・29 預金量七〇〇億円達成

54・2・1 住宅ローン（付保なし）を新発売
2・5 全国石油協会信用保証業務取扱い開始

【第28期】

54・4・16 第一次オンラインシステム稼働
5・7 大原支店新築（広島市向洋中町六番十九号）
7・30 融資量六〇〇億円達成
8・10 日本銀行歳入代理取次事務取扱い開始
10・1 譲渡性預金取扱い開始（金額五億円以上）
12・27 預金量八〇〇億円達成
55・3・17 預金全科目オンライン化完了

【第29期】

55・6・19 本店営業部・薬研堀支店に現金自動引出機設置
6・26 融資量七〇〇億円達成
9・1 まごころ積金を新発売
10・17 商工センター支店開設（広島市西区草津新町二丁目九番地の六八）
11・11 第一回シシンヨー年金友の会旅行（高野山）実施

12・26 預金量九〇〇億円達成

【第30期】
56・4・1 預金量一〇〇〇億円達成運動開始
5・15 日本船舶振興会業務取扱い開始
8・29 融資量八〇〇億円達成
9・28 給与振込取扱い開始
12・14 預金量一〇〇〇億円達成
57・2・19 橋本真吉副理事長、理事長就任
3・3 橋本真吉理事長、広島県信用組合協会会長に就任

【第31期】
57・4・26 宇品海岸支店開設（広島市南区宇品海岸一丁目九番六号）
広島県年金福祉協会業務取扱い開始
5・19 橋本真吉理事長、全国信用協同組合連合会理事に就任
5・24 営業区域を安芸郡江田島町に拡張
11・26 全国信用組合データ通信為替システム加入
12・6 五月が丘支店開設（佐伯郡五日市町五月が丘二丁目一番地の五）

【第32期】
58・4・18 鷹の橋支店新築移転（広島市中区大手町五丁目七番五号）
4・25 財形給振ローンを新発売
10・17 五日市支店開設（佐伯郡五日市町五日市五丁目一〇番二二号）
12・1 財形年金ローンを新発売
12・28 融資量一〇〇〇億円達成

【第33期】
59・4・9 中四国地区信組で初の店外キャッシュコーナー宇品港出張所オープン
4・23 堺町支店新築移転（広島市中区堺町一丁目四番一一号）
5・4 ミニローンを新発売
6・11 第二次オンラインシステム稼働
7・31 小口員外貸出制度認可
9・7 三篠支店新築移転（広島市西区三篠町二丁目四番二五号）
10・29 五日市支店新築移転（佐伯郡五日市町五日市五丁目一六番一六号）
11・12 為替業務オンライン稼働

11・19 府中支店開設（安芸郡府中町本町五丁目一番二九号）
12・3 リフォーム・ローンを新発売
60・3・1 市場金利連動型預金（五〇〇〇万円以上）新発売
3・12 国際科学技術博覧会記念貨幣（五〇〇円）引換え

【第34期】

60・9・2 広島銀行とのCDオンライン業務提携（HNS）開始
9・17 融資総合オンラインスタート
10・14 西条中央支店開設（東広島市西条西本町一三一三番地の一）
61・1・13 大朝支店新築移転（山県郡大朝町大字大朝二四八六番地の一二）
3・14 川野忠夫専務理事、理事長就任
3・28 川野忠夫理事長、広島県信用組合協会会長に就任

【第35期】

61・4・1 退職金共済組合業務（建設業等）取扱い開始
4・29 天皇陛下御在位六〇年記念貨幣引換え
5・20 川野忠夫理事長、全国信用協同組合連合会理事に就任
5・30 自由金利定期預金を新発売
7・7 可部支店開設（広島市安佐北区可部五丁目一三番七号）
8・29 預金量一五〇〇億円達成
10・27 カードローンを新発売
12・8 現金自動機（ATM、CD）を全店設置完了
62・2・2 しんくみ医療保険つき定期預金を新発売

【第36期】

62・6・1 変動金利型住宅ローンを新発売
8・1 大型フリーローンを新発売
10・3 「金」の取扱い開始
11・16 しんくみネットキャッシュサービス（SANCS）取扱い開始
11・24 牛田支店開設（広島市東区牛田東一丁目一番二六号）

【第37期】

63・4・1 国債窓販取次業務開始

4・28 本店営業部、外資両替業務取扱い開始

10・3 保安対策本部設置

11・1 年金保険ローンを新発売

平元・2・4 現金自動設備（ATM、CD）の無人化システム稼働

3・31 組合員数三万六三八名、出資金八億五六〇〇万円、役職員数五三八名

◇ 三井信託銀行と業務提携

◇ 完全週休二日制スタート

【第38期】

平元・4・1 環境衛生金融公庫業務取扱い開始

5・31 関連会社、シシンヨービジネスサービス㈱設立

7・28 融資量一五〇〇億円達成

12・22 預金量二〇〇〇億円達成

◇ 中小企業庁より優良組合として表彰

【第39期】

2・4・1 役職員定年制ならびに選択定年制実施

4・27 商工センター支店新築移転（広島市西区草津新町二丁目二六番三号）

7・16 全国キャッシュサービス（MICS）取扱い開始

12・17 高陽支店開設（広島市安佐北区口田南八丁目一番二三号）

3・1・20 サンデーバンキング開始

3・25 HIT―LINE代金回収サービス取扱い開始

【第40期】

3・6・10 四〇周年記念事業委員会発足

10・7 段原支店開設（広島市南区段原南二丁目三番二八号）

4・1・6 しんくみ全国共同センターに加入

第三次オンラインシステム移行実施

【第41期】

4・5・6 本店ビル新築工事に伴い中区鉄砲町に本部移転

5・20 川野忠夫理事長、全国信用組合連合会副理事長に就任

11・7 中・四国、九州の信用組合で初の日本銀行歳入復代理店に指定される

12・18　新本店ビル建設起工式

【第42期】

5・5・13　広島経済大学に共同出張所開設

7・20　大朝保養所「ふれあい荘」開所

6・3・14　国債窓販業務取扱い認可

【第43期】

6・8・20　大町バスターミナル・上安バスターミナルに店外キャッシュコーナー開設

9・1　女性年金渉外専担者、ふれあいレディー活動開始

12・12　本店営業部移転

預金量二五〇〇億円達成

7・2・13　第一回懸賞金付き定期預金「プレゼント」発売

3・16　福屋五日市駅前店に店外キャッシュコーナー開設

【第44期】

7・5・17　川野忠夫理事長、会長就任

渡邉健一専務理事、理事長就任

6・28　融資量二〇〇〇億円達成

11・1　懸賞品付き定期預金「おたのしみくん」発売

11・30　第一回提案制度委員会開催

【第45期】

8・5・23　川野忠夫会長、全国信用協同組合連合会理事長に就任

6・4　イズミ八木店内に共同出張所開設

6・10　甲田ショッピングセンター（パルパ）に共同出張所開設

7・7　フィエラ・ディ・プローバ内に共同出張所開設

7・8　長東支店移転（広島市安佐南区長束三丁目三八番七号）

11・1　懸賞金付き定期預金「元就プレゼント定期」発売

9・1・27　信販会社等へＡＴＭ機を開放

【第46期】

9・4・1　広島市の八区役所に共同出張所開設

4・10　イズミ八幡店に共同出張所開設

4・18　広島市役所本庁に共同出張所開設

4・25　廿日市市役所に共同出張所開設

5・23　川野忠夫会長、全国信用協同組合連合

会会長に就任
6・19 県庁東館・南館、廿日市合同庁舎に共同出張所開設
8・1 懸賞付き定期積金「百万一心積金」発売
10・1 新型マイカーローン取扱い開始
広島サティに共同出張所開設

【第47期】

10・4・1 広島市立舟入病院に共同出張所開設
6・19 中村憲副理事長、理事長就任
10・1 広島県運転免許センターに共同出張所開設
10・19 「サポートローン」「かんたんローン」取扱い開始
12・22 「固定金利・変動金利選択型住宅ローン」取扱い開始

【第48期】

11・4・1 「西日本建設業保証㈱前払金預託」の取扱い開始
懸賞金付き定期預金「わくわく夢定期」、懸賞金付き定期積金「わくわく夢積金」発売
4・15 エールエールA館に共同出張所開設
5・1 当組合ホームページ開設
7・10 廿日市支店、フジグランナタリーに店外キャッシュコーナー開設
10・1 「ふれあい定期」発売
「チャレンジ21・紹介運動」開始
10・15 「とくとく組合員定期」発売
12・1 宇品海岸支店、出島支店へ統合
12・20 ザ・ビッグ宮内店内に当組合初のインストア・ブランチとして宮内支店開設
12・2・18 ブロック制改正、六ブロックから一一ブロックに細分化
2・21 段原支店、荒神支店へ統合
教育カードローン取扱い開始

【第49期】

12・4・21 広島第一信用組合との合併覚書締結
6・1 五〇周年記念定期預金、定期積金発売
7・17 インターネットバンキングサービス、モバイルバンキングサービス取扱い開始

9・1　広島銀行との提携によるATM手数料相互無料化開始
9・18　己斐上町支店、己斐支店へ統合
13・2・5　広島第一信用組合と対等合併

【第50期】

13・5・10　澤村和男理事長就任
9・17　牛田支店、駅前支店へ統合
10・15　西条支店、西条中央支店へ統合
10・19　「しんくみ運動」四部門受賞
11・19　中広支店、堺町支店へ統合
中広出張所開設
14・2・1　「事業者ローン」「おまとめローン」取扱い開始

【第51期】

14・6・21　創立五〇周年記念式典・祝賀会開催
10・15　創立五〇周年記念誌の発刊
15・3・29　広島港のキャッシュコーナーを広島港宇品旅客ターミナルビル（新ビル）に移転

【第52期】

15・5・26　中広出張所、堺町支店へ統合
6・23　荒神支店、駅前支店へ統合
6・30　印鑑検索・照合システム稼働
9・2　「しんくみいきいき献血運動」の開始
10・14　ビジネスカードローンの取扱い開始
11・7　支店長立候補制度創設
12・15　公的年金の純増ベースが業界二位となる
16・2・1　「法科大学院生教育カードローン」取扱い開始
2・16　高陽支店、戸坂支店へ統合
3・8　祇園支店、長束支店へ統合

【第53期】

16・5・14　第一回「住宅ローンなんでも相談会」「住宅ローンフィールドセールス」開催
5・31　アイワイバンク銀行とのATM利用提携開始
10・1　パーソナルカードローン取扱い開始
11・1　提案制度の開始
17・1・4　スーパービジネスローン取扱い開始

【第54期】

17・4・1 ペイオフ完全解禁

情報セキュリティシステムの稼働

4・25 広島商工会議所メンバーズサポートローン取扱い開始

6・17 山本明弘副理事長、理事長就任

8・1 一挙に八名の女性管理職（代理）登用

8・15 公的年金受取り二万件突破

18・3・20 生体認証付きICキャッシュカードの取扱い開始

【第55期】

18・4・3 融資量二五〇〇億円達成

4・14 預金量三〇〇〇億円達成

19・2・26 ㈱日本格付研究所の格付を取得・公表（「トリプルBプラス」、見通し「ポジティブ」）

【第56期】

19・4・1 シシンヨービジネスクラブ会員サービスの開始

5・14 退職金向け定期預金「満開世代」発売

6・26 山本明弘理事長、全国信用協同組合連合会副会長に就任

8・22 第一回シシンヨービジネスクラブセミナー開催

9・20 「フラット35」取扱い開始

12・14 預貸和六〇〇〇億円達成

【第57期】

20・4・2 新球場の建設に五〇〇〇万円寄付

4・30 法人インターネットバンキングサービス開始

5・26 ATM入金手数料の無料化

6・2 最高一〇〇万円が当たる懸賞金付き定期預金「ハッピードリーム定期」発売

9・22 イオン銀行とのATM利用提携開始

11・4 「賃貸物件に対する火災保険窓販」取扱い開始

21・3・17 ㈱日本格付研究所の格付「シングルAマイナス」に格上げ、見通し「安定的」

3・26 広島修道大学、広島経済大学と産学連携に関する協定書締結

【第58期】

21・4・1　融資量三〇〇〇億円達成
11・3　山本明弘理事長、「黄綬褒章」受章
12・4　金融円滑化法施行に伴い相談窓口設置
12・15　公的年金二万五〇〇〇件突破
22・3・4　マツダ スタジアムのスコアボードに広告掲出
3・26　子ども手当法成立により子ども手当受給キャンペーン開始

【第59期】

22・5・26　「口蹄疫予防対策ローン」取扱い開始
6・15　預金量三五〇〇億円達成
8・2　フリーローン「快速アシスト」取扱い開始
11・17　広島市の「子育てにやさしい事業所」表彰の受賞
23・3・9　山本明弘理事長、近畿財務局主催のシンポジウムにパネリストとして参加
3・15　東日本大震災の影響を受ける取引先に対する「災害復旧事業者ローン」取扱い開始

【第60期】

23・5・12　ネパールの学校建設に協力資金を拠出
6・19　広島東洋カープと日本ハムファイターズ戦をスポンサードゲームとして開催。取引先と役職員九〇〇人を招待
7・25　広島県が主導で設立した官民ファンド「広島版産業革新機構」に三億円出資を決定
8・3　中小企業庁編集の「中小企業白書二〇一一年版」に地域密着型金融のモデル事例として掲載される
9・16　第一〇〇回「住宅ローンフィールドセールス」開催
11・7　創立六〇周年記念、「にっぽん丸で航く屋久島クルーズ」実施
11・29　融資量三五〇〇億円達成
12・15　預金量四〇〇〇億円達成
24・2・28　エルピーダ関連緊急融資取扱い開始
3・28　㈱日本格付研究所の格付「シングルAマイナス」、見通しが「安定的」から

「ポジティブ」に引上げ

【第61期】

24・4・13 ネパールの学校建設に協力資金を拠出

7・25 中広出張所移設

8・17 新渉外支援システムの取扱い開始

9・12 山本明弘理事長著書、『足で稼ぐ「現場主義」経営―頼れるシシンヨーが真骨頂』刊行

11・5 中国財務局および中国経済産業局から経営革新等支援機関に認定される

11・24 広島県の障がい者雇用優良事業所表彰、「あいサポート企業・団体」に認定

12・3 広島市に子ども見守り活動用ジャンパーを寄贈し、感謝状を受ける

25・1・4 人材育成課新設

2・18 でんさいサービスの取扱い開始

【第62期】

25・4・1 山本明弘理事長が広島修道大学特別客員教授に就任

6・27 山本明弘理事長が全国信用協同組合連合会会長に就任

7・1 諸手当を基本給に振り替え、退職金の増加を図る

7・23 融資量四〇〇〇億円達成

9・11 しんくみの日週間の活動の一環で、寄付金を贈呈（以後毎年実施）

11・26 広島国税局徴収部と合同でダイレクト納付利用宣言式を実施

26・3・31 役職定年制の廃止

【第63期】

26・6・9 東雲支店新築移転（広島市南区東雲二丁目六番一三号）

6・19 預金量五〇〇〇億円達成

6・23 営業区域に「呉市全域」を追加

7・5 キャッシュコーナー三六五日営業に拡大開始

8・19 集中豪雨による広島土砂災害の発生に際し、シシンヨービル前にたる募金を設置

9―10 広島土砂災害に伴い、関係各位に義援金を寄付

27・3・31　㈱日本格付研究所の格付「シングルAマイナス」から「シングルAフラット」に格上げ、見通し「安定的」

【第64期】

27・8・－　オートキャッシャーと端末機の連動

8・1　㈱日本政策金融公庫と「中小企業等支援に関する覚書」を締結

8・6　全キャッシュコーナー三六五日営業

9・27　デジタルサイネージ設置

【第65期】

28・4・14　熊本地震が発生し、現地信用組合へ救援物資の搬送や義援金の受付・寄付を実施

4・19　平成二八年熊本地震義援金の取扱い開始

6・20　可部支店新築移転（広島市安佐北区可部五丁目一三番四号）

【第66期】

29・4・1　返還不要の「シシンヨーはばたき奨学金」取扱いを開始

定年退職年齢を六〇歳から六五歳へ、嘱託年齢を六五歳から七〇歳へ延長

4・3　融資量五〇〇〇億円達成

4・28　特殊詐欺防止としてATM振込の一部利用制限

5・1　ATM手数料キャッシュバック開始

8・15　預金量六〇〇〇億円達成

9・28　通帳繰越機能が全店ATMに搭載

9・30　東広島モール出張所開設

11・20　宮内支店新築移転（廿日市市宮内四丁目八番一三号）

ザ・ビッグ宮内店出張所開設

12・18　イオン西風新都ショッピングセンター出張所開設

30・1・30　広島商工会議所から働き方改革実践企業に認定

【第67期】

30・7・6　西日本豪雨災害が発生し、相談窓口や関連商品の提供、義援金の受付・寄付を実施

7・17　平成三〇年七月豪雨災害義援金の取扱い開始

9・3　NHK「プロフェッショナル 仕事の流儀」に山本明弘理事長が取り上げられ、反響をよぶ
10・9　内国為替二四時間三六五日対応
11・12　広支店開設（呉市広大新開一丁目一番五号）、店舗数三五カ店に
31・3・14　出資印鑑届のデータベース化

【第68期】
31・4・1　呉市総合体育館のネーミングライツ（命名権）を取得し「シシンヨーオークアリーナ」とした
令元・6・1　マックスバリュ海田出張所開設
6・14　営業区域を「広島県全域」に拡大
6・23　駅前出張所開設
8・22　（一財）船井財団からグレートカンパニーアワード「顧客感動賞」受賞
9・1　出産祝い金の増額（慶弔見舞金規程改定）
10・2　ekie広島駅北口出張所開設
2・1・1　ひろしまイノベーション推進機構の「ふるさと連携応援ファンド投資事業有限責任組合」へ上限三億円の出資を決定
3・11　定年退職者の定年加算金引上げ

【第69期】
2・5・17　NHK「日曜討論」に山本明弘理事長が出演
5・19　融資量六〇〇〇億円達成
6・19　預金量七〇〇〇億円達成
7・1　結婚祝い金の増額（慶弔見舞金規程改定）
11・24　駅前支店新築（広島市南区京橋町三番一二号）
3・1・4　タブレット端末導入
1・26　呉本通出張所開設

【第70期】
3・5・11　㈱日本格付研究所の格付「シングルAフラット」、見通しが「安定的」から「ポジティブ」に引上げ
6・11　執行役員四名の任命
7・2　預金量八〇〇〇億円達成
4・3・9　融資量七〇〇〇億円達成

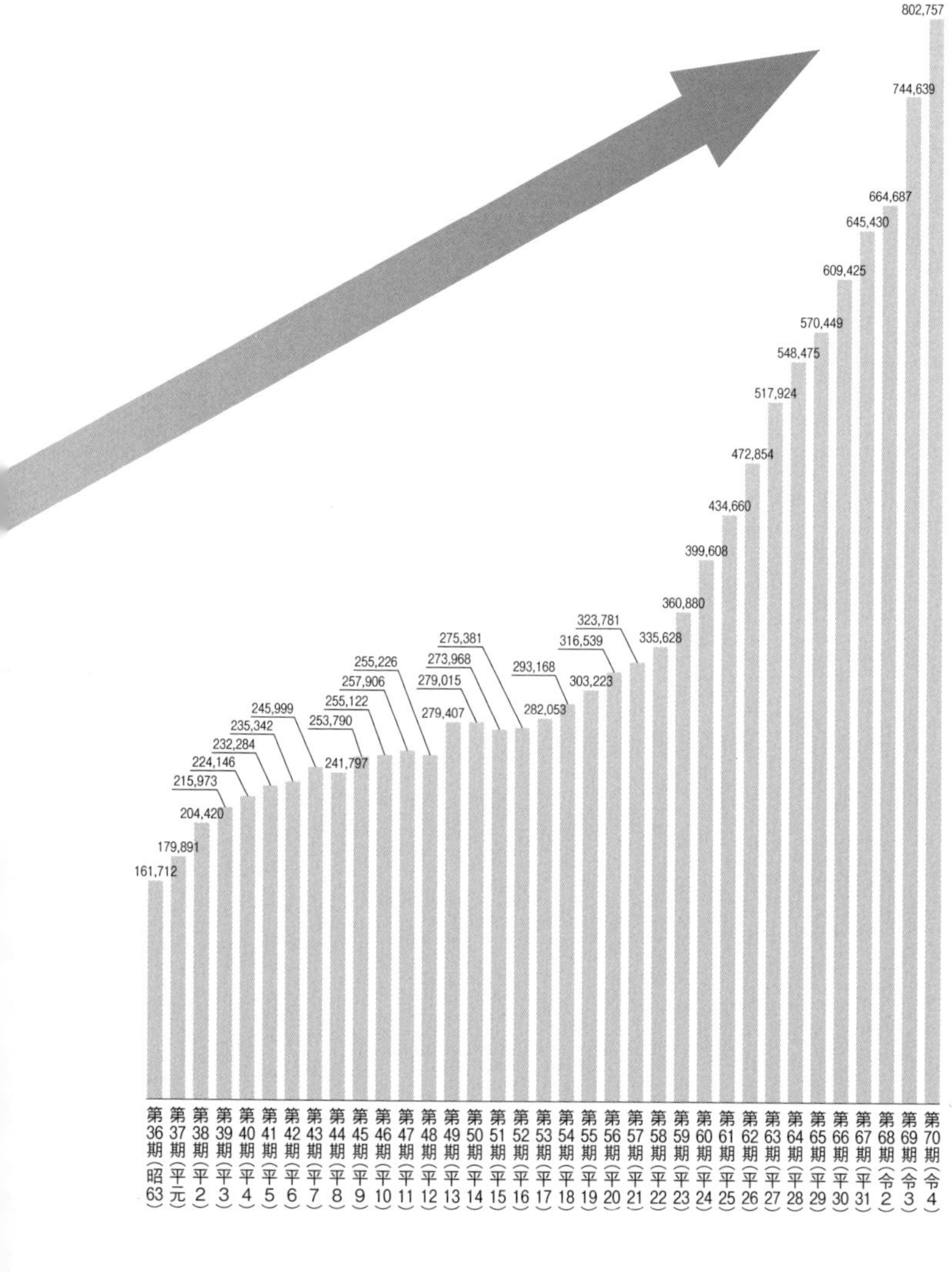
161,712
179,891
204,420
215,973
224,146
232,284
235,342
245,999
241,797
253,790
255,122
257,906
255,226
279,407
279,015
273,968
275,381
282,053
293,168
303,223
316,539
323,781
335,628
360,880
399,608
434,660
472,854
517,924
548,475
570,449
609,425
645,430
664,687
744,639
802,757
第36期（昭63）
第37期（平元）
第38期（平2）
第39期（平3）
第40期（平4）
第41期（平5）
第42期（平6）
第43期（平7）
第44期（平8）
第45期（平9）
第46期（平10）
第47期（平11）
第48期（平12）
第49期（平13）
第50期（平14）
第51期（平15）
第52期（平16）
第53期（平17）
第54期（平18）
第55期（平19）
第56期（平20）
第57期（平21）
第58期（平22）
第59期（平23）
第60期（平24）
第61期（平25）
第62期（平26）
第63期（平27）
第64期（平28）
第65期（平29）
第66期（平30）
第67期（平31）
第68期（令2）
第69期（令3）
第70期（令4）

〈預金の推移〉（各年3月末現在、単位：百万円）

達成年月	
500億円	昭和51年8月
1,000億円	昭和56年12月
1,500億円	昭和61年8月
2,000億円	平成元年12月
2,500億円	平成6年12月
3,000億円	平成18年4月
3,500億円	平成22年6月
4,000億円	平成23年12月
4,500億円	平成25年6月
5,000億円	平成26年6月
5,500億円	平成27年10月
6,000億円	平成29年8月
6,500億円	平成30年12月
7,000億円	令和2年6月
7,500億円	令和3年4月
8,000億円	令和3年7月

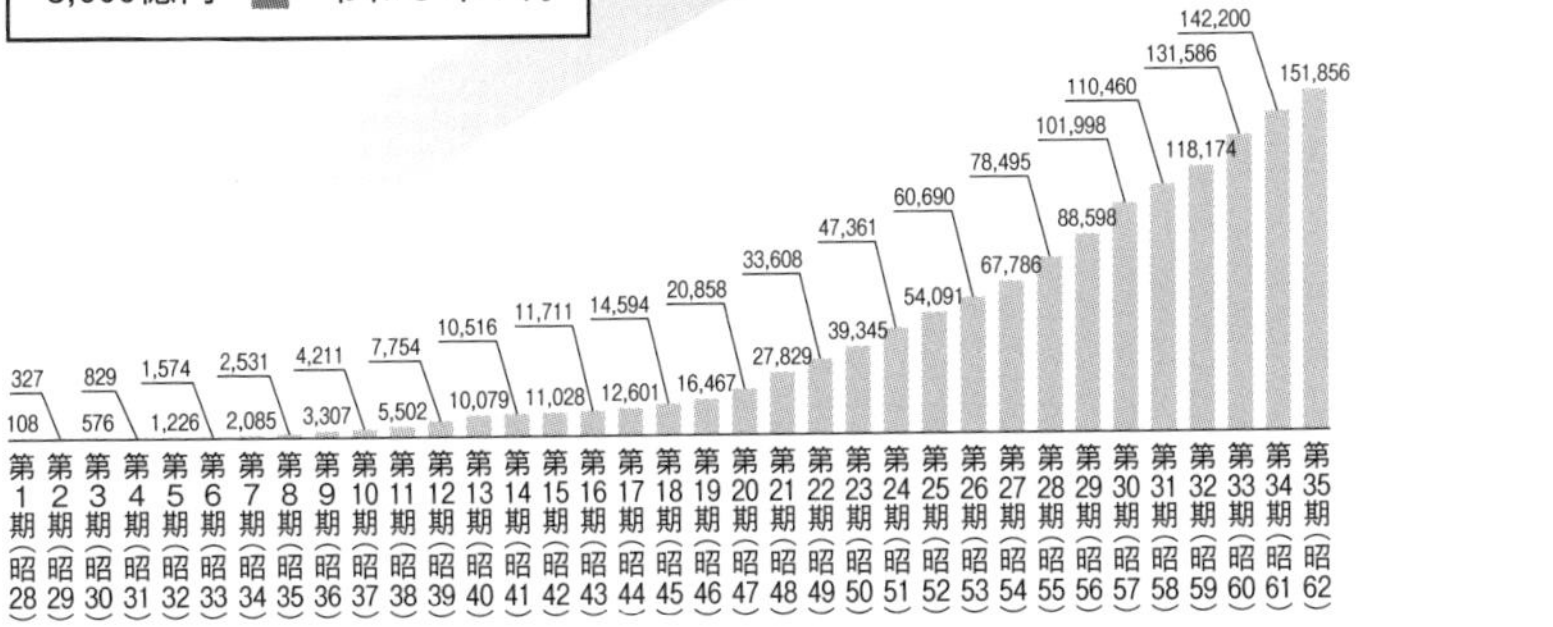

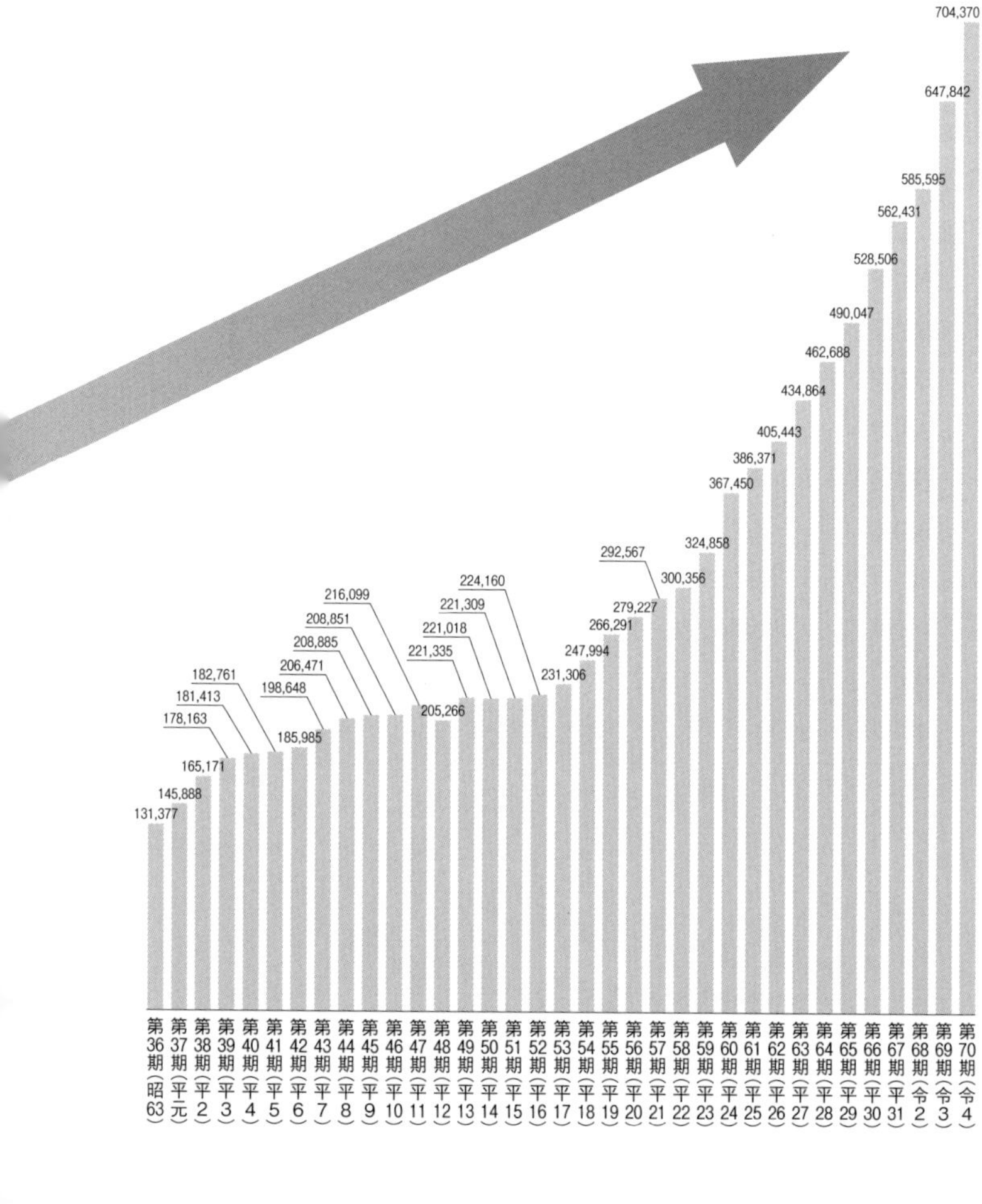
131,377
145,888
165,171
178,163
181,413
182,761
185,985
198,648
206,471
208,885
208,851
216,099
205,266
221,335
221,018
221,309
224,160
231,306
247,994
266,291
279,227
292,567
300,356
324,858
367,450
386,371
405,443
434,864
462,688
490,047
528,506
562,431
585,595
647,842
704,370
第36期（昭63）
第37期（平元）
第38期（平2）
第39期（平3）
第40期（平4）
第41期（平5）
第42期（平6）
第43期（平7）
第44期（平8）
第45期（平9）
第46期（平10）
第47期（平11）
第48期（平12）
第49期（平13）
第50期（平14）
第51期（平15）
第52期（平16）
第53期（平17）
第54期（平18）
第55期（平19）
第56期（平20）
第57期（平21）
第58期（平22）
第59期（平23）
第60期（平24）
第61期（平25）
第62期（平26）
第63期（平27）
第64期（平28）
第65期（平29）
第66期（平30）
第67期（平31）
第68期（令2）
第69期（令3）
第70期（令4）

〈融資の推移〉（各年３月末現在、単位：百万円）

達成年月	
500億円	昭和52年10月
1,000億円	昭和58年12月
1,500億円	平成元年７月
2,000億円	平成７年６月
2,500億円	平成18年４月
3,000億円	平成21年４月
3,500億円	平成23年11月
4,000億円	平成25年７月
4,500億円	平成27年５月
5,000億円	平成29年４月
5,500億円	平成30年８月
6,000億円	令和２年５月
6,500億円	令和３年４月
7,000億円	令和４年３月

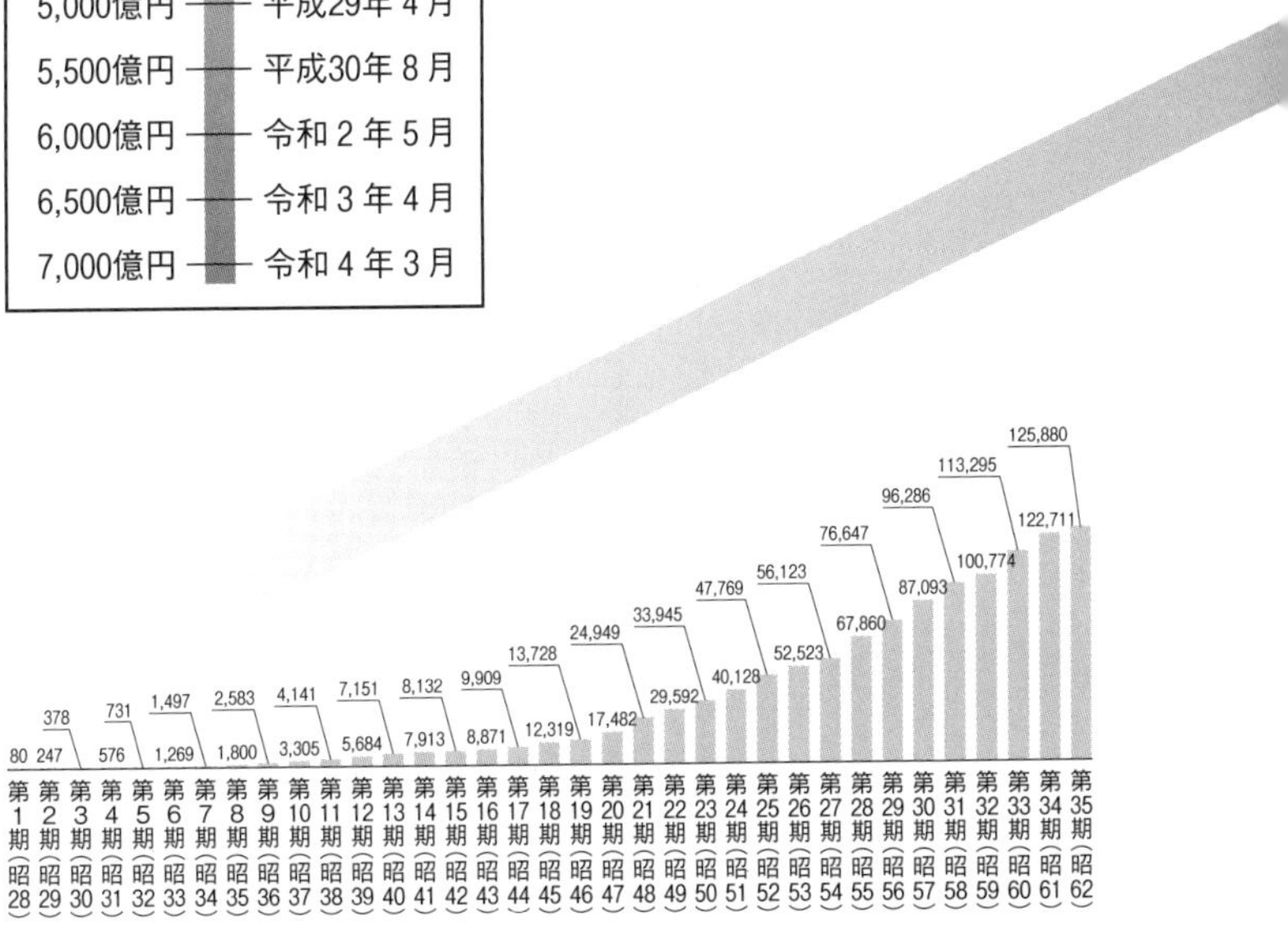

おわりに

私は山口県宇部市の出身です。東京の大学に通っていましたが、「故郷に帰りたい」との思いから、地元の大手企業の採用試験を受けました。しかし、試験会場に行くと、三〇〇人ほどの優秀そうな志望者がズラリ。試験を受ける前から「難しいな」と思っていましたが、案の定、内定をもらうことはできず、「泣き」をみることとなりました。

その後、広島県にある大手上場企業に応募し、本社の経理担当として内定をいただきました。その企業では、内定者向けに工場研修がありました。工場の寮に三週間寝泊りして研修を受けている最中に、シシンヨーから採用面接の日程の連絡がきました。就職活動当初は金融機関にまったく興味はありませんでしたが、金融機関への就職を目指していた友人に刺激を受け、金融機関への興味がわいてきたのでした。とはいえ、すでにほとんどの金融機関では新卒採用を終えていました。大学に来ていた求人票のなかで残っていた金融機関がシシンヨーでした。

私は工場研修を一日休ませてもらい、シシンヨーの入組試験を受けに行きました。面接を受けたあと、ふと「自分には金融機関の仕事のほうが合っているのかもしれないな」と思うようになりました。そして、幸運なことに内定をもらうことができました。

大手上場企業か、それともシシンヨーか、二者択一です。シシンヨーに対する予備知識はなく、「お金を扱う企業なのかなぁ」という程度の認識でした。しかし、「自分には金融機関が向いているのかもしれない」という直感を信じて、「よくわからないけれど、入ってみよう」と考え、大手上場企業には丁重に内定の辞退を申し上げたうえで、シシンヨーにお世話になることにしました。今思えば、就職について真剣に考えていなかったのかもしれません。でも、結果的に、この決断は大正解でした。

若手時代には失敗もたくさんしましたが、そのすべての経験が「どのようにお客さまにお金を使っていただくか」、そして「お客さまの最後の砦になる」という私の信念につながる学びでした。自分の足で歩き、汗をかいて獲得した融資案件は、本当に嬉しいものです。シシンヨーに入組したあの日から五〇年以上経った今もなお、融資でお客さまを笑顔にできるときが、何よりも達成感を感じる瞬間です。赤字だった企業が、われわれの融資で成長していく。まさしく「融資はロマン」です。

私の座右の銘は、「是々非々《ぜぜひひ》」です。よいことはよい、悪いことは悪い。いつもこの思いを胸に抱き、正々堂々と、愚直に本業に徹することを大切にしてきました。私の経営に関する判断基準は、「お客さまが元気になるにはどうしたらよいか」「職員が幸せになるにはどうするのか」という二点に尽きます。厳しい状況に直面しても、この二つの視点で判断すれば、どうするべきかは自ずと明確になります。木の年輪が一年一年広がるように、是々非々で当たり前のことを当たり前にしていけば、信頼の輪が広がります。

宇部で同級生と会うと、「あなたは学生時代、勉強は好きでなかったよね。でも、本当に仕事は好きよね」といわれます。縁あってシシンヨーに入り、お客さまのため、職員のために働くことができているのは本当に幸せなことです。

私は何度生まれ変わっても、シシンヨーで働きたい。そう思うほど、シシンヨーでの金融マンとしての仕事にやりがいを感じています。これからもその誇りを胸に、お客さま、地域経済の発展に全力を尽くしていく所存です。

どうか今後とも、広島市信用組合をご支援いただきますよう、よろしくお願い申し上げます。

広島市信用組合
理事長 **山本 明弘**

融資はロマン
——フェイス・トゥ・フェイスとフットワークで
地域を支えるシシンヨー

2023年３月22日　第１刷発行
2024年１月19日　第２刷発行

著　者　山　本　明　弘
発行者　加　藤　一　浩

〒160-8520　東京都新宿区南元町19
発　行　所　**一般社団法人　金融財政事情研究会**
企画・制作・販売　**株式会社　き　ん　ざ　い**
出版部　TEL 03(3355)2251　FAX 03(3357)7416
販売受付　TEL 03(3358)2891　FAX 03(3358)0037
URL https://www.kinzai.jp/

※2023年４月１日より企画・制作・販売は株式会社きんざいから一般社団法人金融財政事情研究会に移管されました。なお連絡先は上記と変わりません。

DTP・校正：株式会社友人社／印刷：三松堂株式会社

ISBN978-4-322-14227-3